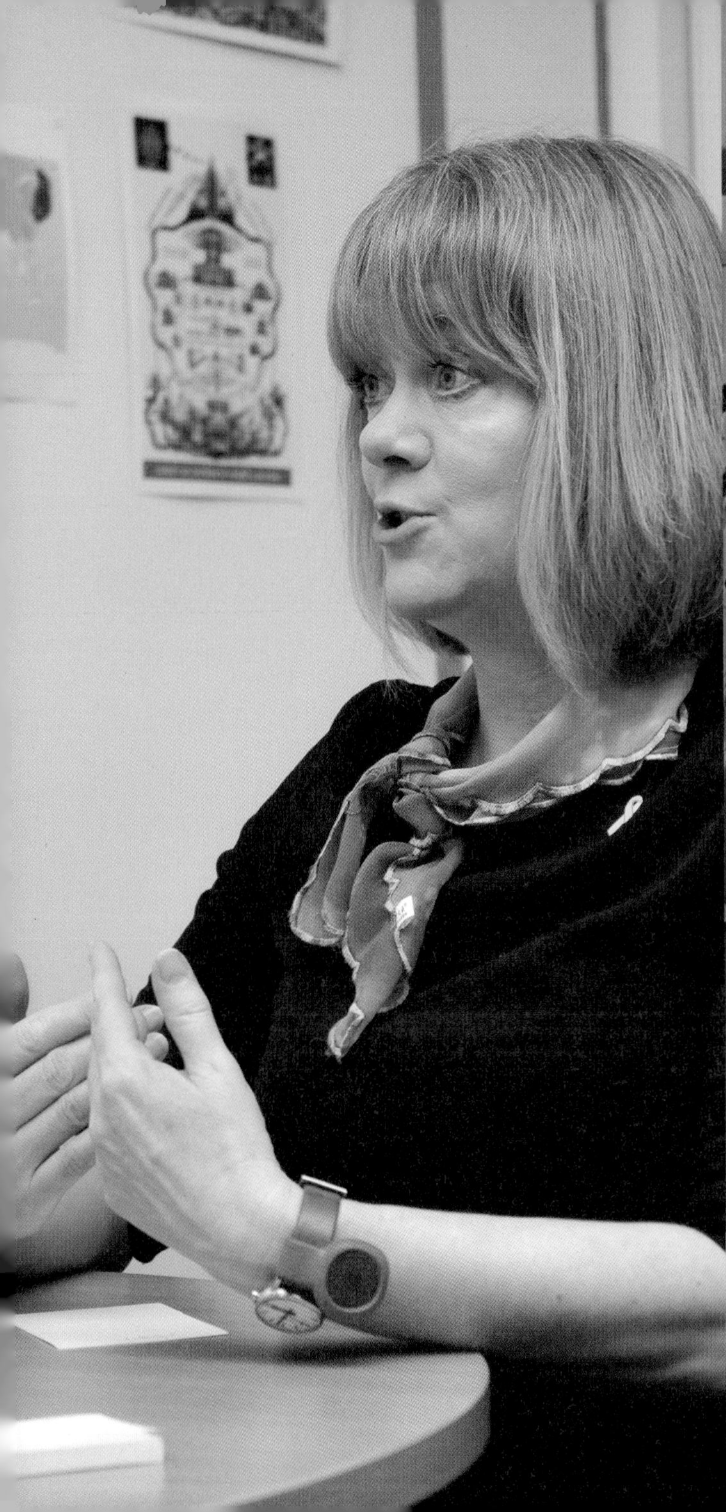
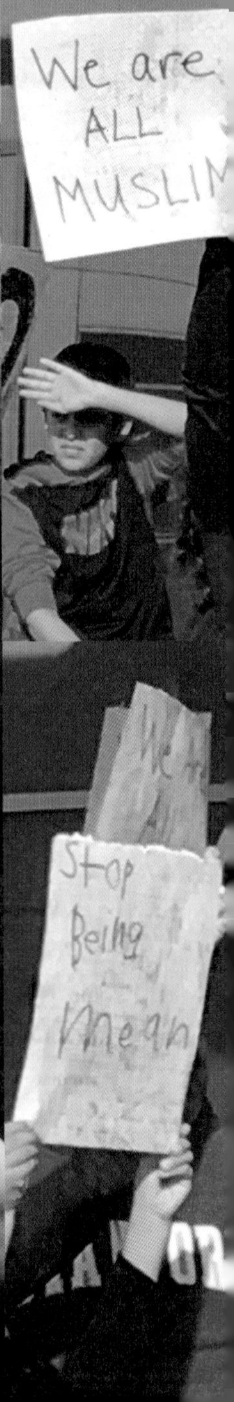
We are
ALL
Stop
Being
Mean

어크로스
페미니즘

세계 여성 지성과의 대화

안희경 지음

어크로스
페미니즘

쥘리에트 비노슈

리베카 솔닛

케이트 피킷

에바 일루즈

마사 누스바움

심상정

반다나 시바

글항아리

일러두기
· 이 책은 '세계 여성 지성과의 대화'를 주제로 쥘리에트 비노슈, 리베카 솔닛, 케이트 피킷, 에바 일
루즈, 마사 누스바움, 심상정, 반다나 시바와 가진 인터뷰를 책으로 엮은 것이다.
· 본문 중 ( )는 저자가, [ ]는 인터뷰이가 부연한 내용이다.

서문

『어크로스 페미니즘』은 삶 속에서 스스로를 변화시키며, 불의를 거부해온 일곱 명의 여성과 나눈 대담이다. 활동 분야는 다양하나, '젠더적' 문제의식을 가진 여성만을 만났다. 예술, 문학, 사회역학, 사회학, 법철학, 정치, 환경 분야의 전문가들이다. 이들은 따뜻한 통찰로 경계를 아우르며 시대의 핵심 문제를 파헤치고, 대안을 제시해왔다.

'세계 여성 지성과의 대화'는 애초 "청춘, 사랑은 포기하지 말자!"라는 기획으로 출발했으나 인터뷰가 진행되는 사이 광장은 개인들로 채워졌고, 인터뷰 주제는 광장을 서성이는 마음에 드리운 불안으로 옮겨갔다. 이후 "개인의 힘을 키우자"로 방향을 진전시키면서 인터뷰를 이어나갔고, 그 과정에서 여러 사안을 아우르는 뚜렷한 주제 의식이 나타나기 시작했다. 국가주의, 소득 불평등, 건강 불평등, 다국적 자본의 진화 등 어떤 주제를 논해도 '여성과 여성의 대화'라는 이 기획의 조건이, 여성을 비롯한 약자의 삶을 짓누르는 한 둥치의 차별을, 여성의 서사를 짚어내도록 했다. 한편 이들과 나눈 대화에는 "불평등이 해소되면 모든 종류의 억압도 사라질 것"이라며 '부분의 목소리'를 뭉개온 진보 진영의 논리에 관한 통찰도 담겨 있다.

대담을 준비하던 2016년 가을, 서구사회에는 파시즘적 전조가 짙게 드리웠다. 미국에서는 백인 우월주의가 과거의 영광을 부르짖으며 득세했고, 포화가 멎지 않던 아랍에서는 또다시 죽음이 이어졌다. 한국에서는 부패한 권력의 환부가 드러나기 시작했다.

동트기 전 어둠이 짙듯, 무언가 이뤄지기 전까지 우리는 알지 못함으로 인한 불안에 사로잡힌다. 한 고비를 넘겨 성취를 이룬 다음에는 또 다른 어둠이 오는 현실을 마주한다. 그 속에서 우리는 역사가 내밀어온 또 다른 증거, 개인의 힘이 결국 집단의 힘을 이루는 시작점이자 전부라는 진실을 잊지 말아야 한다. 연대의 힘이 스러지지 않을 때, 희망은 거듭 변화를 만들어왔다. 이 책은 그런 변화에 관한 일곱 여성의 증언이기도 하다.

첫 장은 프랑스의 배우 쥘리에트 비노슈와의 대화다. 비노슈는 왕의 목을 친 시민의 승리로 기록된 프랑스 혁명을 실패로 규정했다. 혁명 이후에도 기득권의 욕망은 질주를 이어갔고, 혁명의 주체였던 개인도 스스로의 욕망을 제어하지 못했다. 그 결과 피부색이라는 새로운 계급으로 분열된 프랑스가 됐다는 것이다. 오늘의 프랑스는 그 새로운 계급에 따라 직업, 거주지, 교육 수준도 분리되어 계층 이동의 가능성이 막혀버렸다. 인종 갈등, 빈부 갈등은 제노포비아, 테러에 대한 두려움까지 겹겹의 압박이 되어 삶을 위협한다. 비노슈는 마음을 성장시켜온 자신의 경험을 이야기하며 존중할 것, 그리고 겸손할 것을 당부한다. 그러면서 차별과 배제를 공존의 질서로 바꿔내는 일상의 선택이야말로 진정한 혁명임을 강조했다. 이어지는 인터뷰에서 들여다볼 여러 갈등을 대하는 우리의 자세를 다지게 한다.

2장에서 리베카 솔닛은 트럼프의 등장이 가져올 세계의 혼돈을 예측했다. 불행히도 그의 우려는 적중하고 있다. 그는 미국 대선 기간 이민자, 여성, 가난한 계급을 향해 증오와 혐오를 분출하던 트럼프와 극우 세력을 가리켜 갈등의 본질을 거짓 뉴스로 변질시킴으로써 문화 전쟁을 도발한, "진실을 따돌림하는 세력"이라고 규정했다. 트럼프의 도발은 성공했고, 불평등을 바로잡아야 할 약자들은 오히려 자신보다 더 약한 이들을 향해 분노와 혐오를 쏟아내며 그들을 공격했다. 솔닛은 파시즘에 동조하는 백인 노동계급의 분노에 대해 설명하면서, 분노는 지성과 짝을 이뤄 의미 있는 변화를 만들 때 비로소 가치를 지닐 수 있다고 강조했다. 어둠 속에서 희망의 자취를 기억하고자 애써온 그는 말한다. "희망은 모든 것이 좋아지리라는 전망이 아니다. 우리가 하는 행동이 '차이를 만든다'는 사실을 아는 것이다." 그가 체험한 희망, 그가 함께 만든 변화, 그리고 그가 알아보지 못한 희망의 순간에 대해 이야기했다.

3장에서는 사회적 존재인 우리의 아픈 몸을 살펴본다. 고통은 덜 가진 자에게 더 가혹하다. 하지만, 불평등한 사회에서는 더 가진 자라고 해서 결코 안전할 수 없다. 사회역학자 케이트 피킷은 불평등이 얼마나 폭넓게 사회 구성원 모두의 건강을 갉아먹는지를 설명한다. 사회가 양극화될수록 사람들은 자기 위치에 대해 깊은 불안을 갖는다. 이는 우울감을 유발하고, 타인에 대한 믿음을 약화시키며, 사회의 유대감을 허문다. 구성원들의 고립된 심리는 현실도피적인 행동으로 이어지기도 하고, 개개인의 면역 체계에도 영향을 주며, 구성원 전체의 기대수명이 줄어들게 만드는 등 여러 악영향을 미친다. 같은 조건 속에서도 문화적·심리적으로 차별받는 이의 건강이 더 위태롭고, 그 위태로움은 또다시 전체로 확산된다. 여성이 차별받을 때, 그 여성의 아이 또한 제대로 성장하기 어려운 조건에 놓인다. 결국 어느 한 집단이라도 차별을 받으면 전체가 위협받게 되는 게 현대사회의 조건이다. 피킷은 영국과 유럽의 경제정책에도 깊이 관여하는바, 최저생계의 질을 끌어올리는 것뿐 아니라 최고 소득자, 최고 자산가의 환경까지 조절하는 정책을 제안한다.

4장은 '사랑'이 주제다. 1인 소비자를 위한 온갖 상품이 쏟아지고 있다. 시장은 혼밥, 혼술, 혼행(나홀로 여행)을 트렌드로 해석한다. 그러나, 사회학자 에바 일루즈는 이를 세계화된 금융자본주의의 특징으로 진단했다. 산업자본주의가 발달하며 핵가족이 일반화되었고, 자유로

이 국경을 넘나드는 자본의 기동성에 따라 전 세계의 노동자들도 유연성을 강요받으면서, 가족은 거추장스러운 것 내지 극복해야 할 것으로 여겨진다. 자본주의는 '나홀로 문화'를 잉태하는 궤도를 달려온 것이다. 여기에 소비주의가 심화되면서 결혼과 연애는 위태로운 줄타기를 하고 있다.

사회와 연인은 가부장적인 문화 속에서 여전히 고전적 성역할을 기대하지만 기업은 남성과 여성 모두에게 일에 전념할 것을 요구한다. 가부장적 자본주의 질서에서 여성은 이중의 덫에 걸려 있다. 거기에 여성이 지난 100년간 선거권을 쟁취하고, 법적으로 남성과 동등한 지위를 요구하며 '겨우' 인간의 기본권을 얻어내는 동안, 남성은 자본을 천문학적으로 불려왔다는 점도 주목할 만하다. 금융자본주의 시대의 민낯은, 남성 중심의 자본 집중이다. 이런 조건하에서, 일루즈는 20세기 말부터 유독 심리학적으로 해석돼온 사랑을 21세기 사회구조라는 틀 안에서 분석한다.

5장에서는 세계적인 법철학자 마사 누스바움과 함께 혐오에 관해 이야기했다. 정치적 쟁점, 경제적 분배를 두고 대립하던 세력은 종교와 인종, 성염색체와 성정체성으로 분열되어 서로 혐오하고 비하한다. 여기에서는 정상이라는 개념, 주류라는 개념이 의도하는 분리 정책, 그리고 장애인, 노인까지 다양한 집단을 향해 작동하는 혐오의 본질을 분석했다.

누스바움은 혐오를 극복할 방법으로 사회의 역량을 강화할 것을 제안한다. 국내총생산GDP 지수가 만들어내는 경제성장 지표 속 사각지대를 없애고, 인권의 사각지대를 조명하는 데 있어 개인이 각 분야에서 저항을 조직할 것을 당부한다. 인종, 성정체성, 장애, 동물권 등의 문제는 서로 다른 고유한 갈등 요인을 갖고 있기에 전문화되어 지속적으로 문제를 해결해야 한다는 지적이다.

6장에서는 한국의 정치인 심상정과 함께했다. 억압에 저항하는 다수의 열망은 정치적 결단 속에서 한 걸음씩 실체적 힘을 갖추어왔다. 여성의 문제 또한 매우 정치적일 수밖에 없다. 정치에 있어서 여성성은 무엇이냐는 질문에, 그는 민주주의라고 답했다. 민주주의는 다수가 소외되어서는 결코 이뤄질 수 없기에 인구의 절반인 여성의 삶은 정치과정에서 마땅히 중요하게 고려되어야 한다. 그는 이와 함께 민주주의의 핵심이 정당정치임을 강조했다. 개인에게 절대 권력을 부여할 수 없는 현대 민주주의 체제에서 정당은 부분을 대표하면서도 전체의 권익을 지향해야 한다는 것이다. 그는 한국 정당정치를 분석하며, 자신이 몸소 체험한 민주주의의 실현과정, 사문화된 노동법을 작업장으로 가져오기 위해 현장에서 벌인 투쟁과정을 증언했다. 지금 우리가 누리는 모든 권리는 개인의 끊임없는 사고와 행동으로 얻어졌음을 되새기게 한다.

마지막 장은 세계 환경운동의 중심에 선 반다나 시바와의 대화다. 그는 거대 다국적 자본이 공공재를 장악해가며 진화하는 현실을 고발한다. 제2차 세계대전 당시 무기와 독가스를 만들어 대량 살상에 앞장선 군수산업 자본은 종전 후 농업 분야에 진출해 이윤을 쌓았다. 유전공학을 통해 종자를 소유하고, 식량을 독점하며 수백만 명의 농민을 자살로 내몰았다. 유전자변형작물GMO로 세계인의 밥상을 장악한 이들 다국적 자본은 기계, IT, 금융 산업까지 합병해 초거대 자본이 되어가고 있다.

반다나 시바는 오늘의 경제를 임대경제rent economy라고 규정한다. 수평으로 연결된 개인들이 재화를 공유하며 편리를 나눈다고 하는 공유경제도, 실상은 회사들이 건물주가 임대료 챙기듯 정보 이용 수수료를 떼서 이윤을 얻고, 실제로 노동을 하는 개인은 기계처럼 소모된다는 것이다. 시바는 금융 전쟁, 종자 전쟁, 식량 전쟁, 디지털 전쟁이 하나의 사이클 속에서 진행되고 있다고 본다.

그는 위기로 치닫는 지구 생명을 위한 대안을 제시했다. 에코페미니즘이다. 대부분의 사회에서 여성은 살아가는 데 필수적이지만 경제적인 가치로 조명되지 않는 일을 도맡도록 밀려나 있었다. 먹거리를 키우고, 요리하고, 아픈 아이를 돌보며, 나이 든 부모를 보살피는 일이다. 반다나 시바는 여성이 도맡아온 경제가 진정한 공유경제라고 역설한다. 그는 공유경제란 '전자 기기'가 아닌 '공감하는 인간'에 의해서 창조된다고 설명한다. 그러므로 그 자질을 간직한 여성성을 통해 식량 안보, 지구 생물의 보전, 평등과 평화를 가져올 수 있다고 말한다. 이때의 여성성이란 역사적으로 여성이 있어온 위치 속에서 길러진 자질이기에, 에코페미니즘의 실천 주체는 여성이냐 남성이냐로 결정되지 않는다. 에코페미니즘은 자연이 살아 있고, 창조적이며, 인간에게 필요한 모든 것을 생산한다는 진실을 알아차리는 '마음의 종류'다. 반다나 시바는 우리 모두에게 이 길에 함께하기를 권한다.

마사 누스바움을 만나러 갔을 때다. 친구에게 소개받은 현지 사진작가로부터 '페미니즘이 없는 나라'에 대한 이야기를 들었다. 사진작가 애덤 싱스인더마운틴은 허리까지 출렁이는 검은 머리를 휘날리며 나타났다. 그는 몬태나주를 중심으로 살아온 크로족 청년이다. 크로족은 경기도 면적에 달하는 자신들의 구역을 '나라'라고 부른다. 그에게 당신네 부족은 페미니즘을 어떻게 해석하느냐고 물었다. 그네들의 언어에는 페미니즘에 해당되는 단어가 없다고 했다. 가부장제 속에서 사는 이들은 '얼마나 억압적인 땅이면 페미니즘이 없을까'라고 생각하기 쉽겠지만, 사실은 그렇지 않다. 그곳은 모계사회다. 아이들은 어머니의 성을 따르고, 가축과 같은 주요 재산은 모계를 통해 상속되며, 영예로운 자리인 전사의 지위도 여성과 남성 모두에게 열려 있다. 하지만 크로족에게 페미니즘이 없는 진짜 이유는 그들의 사회가 모계사회이기 때문이 아니라, 공동소유 경제로 돌아가는 돌봄사회이기 때문이다. 주요 임대 수입원인 광산과 농장이 있는 모든 토지는 공동소유다. 환자와 노약자를 부양할 책임 역시 온 마을이 함께 진다. 물론 크로족의 사회에도 다른 아메리카 원주민들이 처한 여러 어려움과 문제점이 들어와 있다. 하지만, 그들은 여전히 전통의 가치를 기억하고 실천하려 노력한다. 싱스인더마운틴과의 대화에서 확인한 것이 있다. 성차별·인종차별과 경제적 불평등은 상충하는 이슈가 아니며, 따라서 선후를 따져 해결해야 할 문제도 아니라는 사실이다. 또한, 그중 어느 한쪽이라도 기울어지면 사회 전체를 흔드는 중대한 위협이 될 수 있다는 것이다.

'어크로스 페미니즘'이라는 말에 우리 사회에 뿌리내린 모든 차별과 억압이 한 둥치로 얽혀 있음을, 이를 뿌리 뽑기 위해서는 사회 각 분야가 전문성을 갖고 저항해야 하며, 분야를 가로질러 연대해야 함을 드러내고자 했다.

이 책은 일곱 명의 여성과 함께 몰입 속에서 직조한 언어로 쓰였다. 이 책의 언어가 문장을 훑는 눈동자를 타고 들어가 마음에서, 삶에서 온기를 피워내는 동력이 되기를 기원한다.

차례

서문 005

1장 쥘리에트 비노슈 017
혁명의 재구성, 개인의 경험들
세계에 참여하기
인간다움 ─ 우리가 살아가는 순간
실천하는 몸짓

2장 리베카 솔닛 041
우리가 이긴다는 사실
싸움의 기억
분노를 넘어서기
단순화로부터 거리두기
트럼프 이후의 세계에서 희망을 말하기
싸울 가치가 있는 일

3장 케이트 피킷 073
사회 속의 사회역학자
몸이 말해주는 몸 밖의 세계
여성의 몸에 관하여
불평등은 최상위 계층에게도 해롭다
더 많은 이에게 더 다양한 가치를
여성의 위치를 돌보는 일

4장 에바 일루즈 107
자본주의와 사랑의 불안
남성(성)의 세계
사랑할 역량을 키운다는 것
사랑의 새로운 가능성

5장 마사 누스바움 131
혐오의 양상들
내재된 두려움
평등에서부터 시작하기
실재하는 혐오의 맥락들
전방위적으로 싸워나가기
모두를 위한 법적 정의

6장 심상정 159
실존적 페미니스트
정치에서 유리천장 깨기
민주주의와 여성의 목소리
정치―가능성의 예술
정당정치의 비전
구체적으로 상상하기
더 조밀한 연대의 결

7장 반다나 시바 193
끝나지 않은 전쟁
임대경제와 잠식되는 시장
올바른 행동은 실패하지 않는다
에코페미니즘―온 생명과 연결된 우리
유기농이 보여주는 오래된 미래

감사의 말 238
주 240

쥘리에트 비노슈
Juliette Binoche

만남 <u>2016년 11월 30일</u>
　　　<u>로스앤젤레스</u>

　쥘리에트 비노슈와 '분노의 방향, 그리고 개인의 힘'에 관해 이야기하고자 했다. 그럴 수밖에 없었다. 우리에게는 프랑스 역사에 대한 절대적인 선망이 있는 듯하다. 왕을 단두대로 보낸 역사를 가진 민족이라며 그들을 치켜세운다. 그러나 비노슈는, 대혁명 이후 깊은 성찰이 부재했기에 절대 권력으로 회귀한 프랑스 역사의 한계를 들춰냈다. 불의에 분노하는 용기는 아름답다. 그러나 분노 속에 갇혀서는 진전을 이룰 수 없다. 그는 분노를 넘어서지 못한 과거를 질책했다.

　만남은 2016년 11월 30일 로스앤젤레스에서 가졌다. 영화 「공각기동대Ghost in the shell」의 막바지 작업이 한창인 할리우드의 스튜디오 근처에서였다. 전날인 11월 29일 오후 2시 즈음, 비노슈로부터 "내일 만날 수 있다"는 연락을 받았다. 그길로 밤길을 달려 로스앤젤레스에 도착했고, 갑작스런 스튜디오 호출로 수차례 번복되던 약속은 오후 5시에야 성사되었다. 화장기 없는 모습으로 나타난 비노슈는 유명세도, 대배우의 아우라도 다 걷어내버린 듯 소박한 모습이었다.

100만 명이 모인 한국의 촛불 시위에 대해 전하자, 그 배경을 되물으며 대화는 자연스레 프랑스에서도, 아랍에서도 타올랐던 광장의 열기로 이어졌다. 여느 인터뷰에서와 달리 정치적 견해를 묻는 질문에도 비노슈는 자신의 생각과 삶의 태도에 관해 정성껏 설명했다.

●

혁명의 재구성, 개인의 경험들

―

한국의 촛불 시위에는 중고등학생을 비롯한 청년들이 나왔습니다. 프랑스의 68혁명과 비슷하지 않을까 싶어요. 당시 청년의 힘은 이후 시대의 문화를 바꿨습니다.

네, 엄청난 혁명이 거리에서 일어났죠. 청년들은 낡은 권력에 분노했고 감옥 같은 억압을 깨고자, 인권을 위해 싸웠어요. 권력은 그들의 식민지를 계속 유지하려 했고요. 거리로 나온 시민의 외침이 없었다면 세상은 조금도 변하지 않았을 겁니다.

결과는 어땠습니까? 시스템까지 바꿔냈나요?

매우 흥미로웠죠. 68혁명까지 이어져온 프랑스 혁명의 정신은 모든 시스템으로 뻗어가야 했습니다. 1789년 프랑스는 피로 물들었죠. 귀족들의 목을 쳐냈으니까요. 하지만 피의 대가는 한 줌의 변화일 뿐이었습니다. 그리고 그 변화는 끔찍한 결과로 이어졌어요. 피를 뿌렸던 자리에 침통한 죄의식이 없었기 때문입니다. 프랑스 사람들은 가슴으로, 의식적으로 깊이 성찰하지 못했습니다. 그 결과 나폴레옹이 등장해 권력을 잡을 때쯤에는, 다 잊고 말았죠. 그는 스스로를 황제라 칭하며 신성시했습니다. 프랑스는 나폴레옹을 용인했어요. 왕을 쫓아낸 자리에 더 절대적인 황제를 앉힌 거죠. 68혁명도 그 자리에서 드골 권력을 끌어내리지는 못했습니다.

그럼에도 개인의 가치에 대한 각성은 변화를 만들어냈다고 봅니다. 민주주의, 성평등, 생태적 가치를 이야기하게 됐고, 세계적으로 청년 정신을 바꿔내는 동력이 됐다고 생각하는데요.

정치는 위험한 게임이라고 생각해요. 우리에겐 사회를 기능하게 하는 제도가 필요합니다. 그러려면 권력을 잡고, 수많은 것을 장악해야겠죠. 거기에 다수에 대한 존중, 존재론적인ontological 정신이 깃들어 있지 않다면, 사회는 더 나빠지게 됩니다. 정치에는 너무나 많은 농단이 있어요.

그래서도 서울 광화문 광장을 메운 사람들에게는 불안이 있습니다. 반복된 실패의 역사가 재현되지 않을까 하는. 한국은 1987년에도 100만 명이 거리에 나와 독재에 항거했어요. 대통령직선제를 실현시켰죠. 하지만 프랑스인들이 혁명 이후 나폴레옹이라는 독재자를 용인했듯, 한국인들도 독재자의 동업자를 대통령으로 뽑은 적이 있습니다. 제가 염려하는 부분은 이 가득 찬 분노의 방향입니다.

분노는 변화를 강제하는 물리력입니다. 잘 사용한다면야 대단한 힘이 있죠. 불과 같은 성질이니까요. 잠자코 있지만은 않겠다는 욕망의 일부이기도 하고요. 그런데 우리가 분노에 갇혀버리면, 이때 분노는 파괴적으로 작동합니다. 그러니 다른 무언가로 승화시켜야죠.

저는 우리가 현재 평화가 가능한 세상에 살고 있다고 생각하지 않아요. 전쟁 사이에 낀 평화는 평화가 아니죠. 평화는 그보다 더 깊은 곳에서 옵니다. 좀더 깊은 내면에서요. 무언가를 내려놓는 개인의 경험들로부터 일어나죠. 평화는 우리에게 놓아버릴 것을 요구합니다.

절제함으로써 탐욕으로부터 자유로워지는 걸 말하나요?

소유하고자 하는 욕구, 권력에 대한 욕구, 즐거움에 대한 욕구는 내려놓는 순간 충족됩니다. 소유욕, 권력욕은 동물적인 면에서 나와 인간적인 면으로 흘러가는 것이니까요. 욕망하되, 동시에 흘러가도록 두어야 합니다. 하지만 사회가 동물적인 면에서 인간적인 면으로 성장하기까지는 시간이 걸립니다. 우리에게 전환이 필요한 이유죠. 수도 없는 전쟁과 위기 속에서 개인이 살아갈 수 있는 환경은 오직 함께 나누는 삶 속에서만 가능하다고 생각해요. 이걸 이해하기까지는 시간이 꽤 걸릴 겁니다.

최근 미국 대통령 선거 역시 분노를 자극하는 정치 게임이었어요. 개인들의 분노는 트럼프를 대통령에 당선시켰고, 마린 르펜 프랑스 국민전선 총재를 비롯해 우파 지도자들에게 힘을 실어주고 있습니다.

그들은 위대함을 욕망합니다. 위대한 미국, 위대한 프랑스, 위대한 헝가리를 다시 한번 만들자고 부추기며, 다들 위대한 국가가 되려고 하죠. 넌센스라고 생각해요. 위대해본 적 없는 우리가 위대함을 '되찾는'데 집착하다니요. 우주 차원에서 보면 우리는 정말 작디작은 존재입니다. 그들이 말하는 위대한 시간을 살아본 적이 없죠. 털끝만치라도 위대한 무언가에 가까워지려면, 먼저 어른답게 존재하기 위해 필요한 것부터 배워야 해요. 어른다움을 배우는 과정이 바로 모두를 위한 정치가 시작되는 곳이라고 보거든요. 아직 우리는 가난한 사람과 여성의 권리를 돌보는 정치를 가져보지 못했습니다.

그다음은 각자의 일에 주어진 소명을 충실히 해나가는 건데요. 저는 단 한 순간도 일을 멈추고 싶지 않습니다. 일을 단순히 일로만 여기지 않으니까요. 제게 일이란 다른 사람들이 세상에 참여하도록 정보를 주고 나누는 것입니다. 그래서 일을 할 때면 자신을 내려놓고 진정으로 그 일에 몰입하려고 해요. 제가 하는 그 일이 세상에서 올바른 역할을 할 수 있도록요.

세계에 참여하기

—

경쟁에 치여 사는 청년들은 세상에 참여하고 싶어도, 경제적인 앞가림부터 해야 한다는 강박에 스스로를 유폐시킵니다. 또 경제적 자립은 준비된 자들만의 도전이 돼버렸다 여기는데요. 그러니 세계에 참여하는 일은 지레 미룰 수밖에요.

프랑스 젊은이들도 매우 심각한 구직난을 겪고 있어요. 진짜 원하는 게 아닌 일을 하는 것을 굴복이라고 여기는 사람도 있습니다. 하지만, 작은 일에서도 우리는 성장할 수 있거든요. 어렸을 때부터 저와 여동생은 부모님의 원조를 받지 못했어요. 제가 대입시험인 바칼로레아를 준비할 때 열여덟 살이었는데, 돈 한 푼 기대할 수 없었죠. 저는 뭐라도 해보려고 쫓아다녔어요. 상점에서 계산도 했고, 시장에서 채소도 팔았습니다. 극장에서 공짜로 일하기도 했고요. 앞으로 놓일 여러 장벽을 넘으려면 많은 시도를 해봐야 합니다. 준비는 그 과정에서 이뤄지는 거죠.

배우가 되기 위해 다양한 사회 경험을 해보는 것도 좋다는 자기 위안이 자연스레 있었던 건 아닌가요?

살아야 하니까 한 거예요. 돈이 있어야 하니까요. 극장의 세계에서 살겠다는 꿈을 어렴풋이 갖긴 했는데, 그땐 그 꿈에 어떻게 도달해야 할지 아무것도 몰랐습니다. 다만 호기심에 차서 사람들을 관찰하기는

했어요. 물건은 어떻게 고르는지, 어떨 때 천천히 움직이거나 망설이는지, 인사를 하거나, 대꾸도 없이 나갈 때 어떤 기분에 빠져서 그러는지…… 유심히 봤죠. 재미있었어요. 나중에는 스스로 관측대가 된 느낌도 들었습니다.

최고의 배우가 되고자 할 때 모든 경험은 자양분이 되죠. 그렇지만, 과학자가 되고 싶은 사람, 엔지니어가 되고 싶은 사람한테는 우울한 시간이 될 수도 있을 겁니다.
인간이 되어가는 거예요. 좀더 좋은 사람이 되는 데 도움이 됩니다. 당신이 누군가를 예의바르게 대한다는 것의 의미를 이해하게 된다면, 남에게 서비스를 하면서 스스로 폄하되는 느낌을 받지 않을 겁니다. 나중에 더 나은 자리에 있게 되더라도 타인을 그릇된 방식으로 대하지 않을 거라는 거죠. 무언가를 경험하면 마음에 새겨지니까요.

보통은 성공의 기준을 좀더 나은 사람이 되는 데 두기보다는 직업이나 지위에 두곤 합니다.
인생의 게임은 바로 마음을 성장시키는 거예요. 좋은 직업을 갖는 것이 아니라. 물론 좋은 직장이라는 생각도 우리가 그 안에서 열정을 느낄 때 드는 생각이죠. 함께하는 사람들에게 애정이 있을 때, 서로 어우러진 관계라는 느낌이 전달될 때 말입니다. 그러니까 우리가 목표로 삼을 수 있는 건 바로 마음의 진화입니다. 다른 목적은 있을 수 없다고 봐요.

마음을 진화시킨다는 말이 위로만 주고 끝날 레토릭이 될 수도 있을 듯한데요. 수많은 자기계발서가 강조하는 '나는 할 수 있다'라는 메시지가 때론 블랙커피처럼 반짝 각성시켰다 사라지기도 하거든요. 자칫 사회구조에 눈감게 만들기도 하고요. '내 탓이다'라는 자기반성도 감정적으로는 안정을 주지만, 문제의 본질까지 뚫고 들어가지 못하게 막는 게으른 처방일 때도 있습니다.

제 자기계발은 실패 속에서 이뤄졌어요. 실패를 통해 겸손함에 대한 인식을 갖게 됐죠. 이 인식은 타인과 함께 살아갈 수밖에 없는 우리에게 새로운 시각을 가져다줍니다. 스스로를 대면할 때, 타인을 대할 때 좀더 현실적일 수 있도록 도와주고요. '나는 강하다, 나는 최고다' 같은 환상에 덜 빠지게 되거든요. 환상을 깨나가는 일이 중요해요. '나는 이러저러하기에, 어느 날 그런 점이 깨질 수 있다'는 생각으로 스스로를 성장시킬 때, 현실에 더 의연해질 수 있습니다. 진정한 인식은 당신의 결정에서 오니까요. 이건 누군가가 해야 한다고 해서 되는 것이 아니라, 우리 안에서 스스로 해내야 하는 거예요. 그런 의미에서 안다는 것은 지식과는 다릅니다.

아는 것과 지식은 다르다는 깨우침, 언제 갖게 됐나요?
시간 속에서요. 자기를 아는 데는 시간이 걸려요. 제게는 선생님이 있었어요. 제가 열여덟 살 때 연기를 가르쳐준 선생님입니다. 어느 날, 열심히 연기를 하는데 그분이 "그만 멈춰"라고 하는 거예요. 다시 했죠. 또 "그만"이라고 하더군요. 처음부터 다시 했어요. 그런데, 계속 다시, 다시, 다시를 반복했습니다. 정말 더 이상 어쩔 줄 몰라 멍한 지경이 될 때까지 말이죠. 뭘 해야 할지 하나도 알 수 없었고, 선생님이 무얼 바라는지도 모르겠더군요. 그런데 그 상태에서 비집고 나오는 게 있었습니다. 제 안에서 제가 몰랐던 뭔가가 나왔어요. 의지란 의지는 다 씻겨 떠내려간 그 지점에서요. 바로 '어떤 것도 시도하지 않는 것'을 하기 시작한 거죠. 그때 연기에 대한 저만의 앎을 향해 첫발을 뗐다고 생각합니다. 시도하지 않는 것. 그냥 충만한 상태로 거기 머무르는 것. 내가 어떤 감정으로 들어가는 게 아니라, 감정이 내게 다가오는 것 말이죠. 열고 받아들이면 됐어요. 그건 사랑과도 같습니다. 사랑은 좇으면 발견할 수 없잖아요? 대신, 사랑이 들어오도록 열어두면, 더 큰 가능성이 열리죠. 의지는 종종 우리 자신을 가두는 벽이 되거든요. 무언가를 좌지우지하려 들면, 그 속에 매몰되기 쉽습니다. 기다리지 못할 때, 의지는 오히려 믿음을 가로막곤 해요.

스스로의 생각을 꿰뚫고 들어가 몰입해야 한다는 말로 다가옵니다. 예술에서만이 아니라 생활에서도 스스로 중심 잡는 일이 제일 중요할 텐데요. '나는 무엇을 원하는가'를 제대로 알아차리는 것 말입니다.
배우로서 제가 흥미를 갖는 부분도, 제 안에서 우러나온 앎이 한 인

간이나 다른 누군가의 관점을 연기하게 한다는 점인데요. 연기를 하다
보면 감독과 배우, 배우와 배우, 혹은 각본가, 스태프와 배우 들의 세
계가 맞부딪치는 일이 생깁니다. 이럴 때, 우리 자신의 진실을 마주해
야 한다고 생각해요. 외부에 존재하는 그 무엇도 당신에게 어떻게 느
끼라고, 무엇을 말하고 어떤 생각을 하라고 알려주지 못하죠. 외부의
것은 어떤 종류의 앎을 점화시키지 못합니다.

당신의 작품 하나가 떠오르는데요. 매몰된 칠레 광부 33인의 구조를 다
룬 영화 「33」입니다. 남동생을 구하려고 정부 고위 관료의 뺨까지 때린 억
센 노점상 마리아 세고비아를 연기했죠. 백인을 대표하는 배우 쥘리에트
비노슈가 인디오 피가 섞인 가난한 중년 여성을 연기할 수 있을까 의문이
었는데, 단 한 순간도 아름답게 보이려는 표정이나 영웅적인 과장 없이
희생자 가족이라는 캐릭터에 녹아들어 있었습니다.
역할은 밖에서 가져오는 것이 아니니까요. 배역은 내면에서 끄집어내
는 거죠. 진정으로 누군가에게 귀를 기울이면, 우리 내면에 변화가
일어납니다. 배우를 만드는 지점도 바로 여기죠. 누구나 믿음을 가지
는 자기만의 방식이 있는데, 그 시스템이 배우들 간의 차이를 만들어
내죠. 배우는 그 안에 들어가 있을 뿐이고요. 저는 아이들하고 비슷
합니다. 어떤 이가 자기 이야기를 들려주면, 이미 그 이야기 속에 들
어가 있어요.

마리아 세고비아의 삶과 당신의 삶은 실제로 매우 다른데요.

영화 촬영장은 사막이었고, 작은 이동식 막사에서 지냈어요. 마리아의 막사는 맨 끝에 마련됐죠. 제작에 들어간 뒤에야 촬영장에 왔거든요. 해가 지고 사위가 어둑하게 물들던 때였습니다. 멀리서 누군가 걸어오더군요. 단번에 그를 알아봤습니다. 그러고는 다섯 살배기처럼 그의 삶 속에 빠져들었죠.

마리아의 부모는 아이들이 아직 어렸을 때 집을 떠났습니다. 그녀는 가장이 됐고, 거리에 나가 엠파나다를 팔았어요. 10대였지만 살 길을 헤쳐나간거죠. 웅숭깊은 마음이 그이 안에 있었습니다. 생활 속에서 길러진 강인함을 느낄 수 있었어요. 삶이 그렇게 만들었겠죠. 살아냈고, 다시 또 다른 차원으로 삶을 전환시킨 주인공이었으니까요. 광부들이 지하 갱도에 갇혔을 때, 그는 위대한 활동가가 되어 기업과 정부에 맞섰습니다. 처음 만난 날 둘이 막사에서 칠레 정부가 만든 다큐멘터리를 보는데, 마리아가 열을 내며 비판하더군요. 정부가 진실을 왜곡한다고요. 그러고는 진짜 이야기를 들려줬어요. 정치가 어떻게 생존자와 가족의 몸부림을 자기들의 입맛대로 각색했는지 알려줬죠. 정부는 광부들이 땅속에 갇히고 사흘이나 지나서 사고 현장을 찾았습니다. 가족들은 붕괴 첫날부터 광산 철조망에 매달려 시위를 벌였고요. 광부들이 갱도 피난소에 살아 있을 가능성을 주장했고, 그들이 '매몰자'가 아닌 누군가의 아버지, 아들, 남편, 동생이라는 사실을 알렸어요. 보상금으로 재난을 정리하려던 정부도 움직일 수밖에 없었죠. 가

족들이 기업에 저항하며 국제사회의 주목을 이끌어내자, 비로소 정부
와 기업도 땅을 파기 시작했습니다.

저는 그 영화를 보면서 세월호를 떠올렸습니다. 비록 처음에는 재난으로
덮으려 했지만, 칠레 정부는 가족들과 함께 노력했다는 생각입니다.
세월호 참사는 저도 가슴이 아팠습니다. 지금도 기억해요. 하지만 생
존자와 피해자 가족 들이 그동안 당한 고통은 잘 알지 못했습니다. 진
실이 밝혀지길 바랍니다.[1]

인간다움—우리가 살아가는 순간

—

배우인데, 왜 정치에 대해서 목소리를 높이나요?
지금 당신이 묻고 있으니까요. (웃음) 평소에는 정치에 대해서 말하지
않아요. 정치에 깊이 관여하려고 하지 않습니다. 다만 관심을 갖고 알
아차리려고는 하죠.

한국인들 중에는 프랑스가 혁명을 경험했기에 부패를 단죄할 줄 안다고
찬탄하는 이들도 있습니다. 사회적 발언을 하는 프랑스 배우들을 보며
프랑스니까, 안전하니까 할 수 있는 거라고 해석하기도 하죠.
물론 혁명을 경험한 것은 다르겠죠. 그렇지만, 작은 배려 역시 혁명이
될 수 있다고 생각해요. 이미 혁명이죠. 태도를 바꾸는 것, 더 행동하

는 것, 돕는 행위 그 자체가 혁명입니다. 저는 제가 도움을 준 이들의 눈을 잊지 못합니다. 누구라도 자신이 도움을 준 사람과 마주한 눈빛을 잊지 못할 거예요. 그때 일어나는 내면의 변화가 바로 혁명입니다. 우리가 창조하는 시간과, 인간다움과 연결되는 순간이거든요.

2007년 프랑스 대통령 선거에서 당신은 녹색당 후보인 농부 조제 보베를 공개적으로 지지했는데요. 특정 정치인을 지지한 것은 이례적이었습니다. 환경문제에 대해서는 '할 수 있는 한 최선을 다해 발언하자'고 스스로를 북돋웁니다. 우리는 자연에 좀더 가까이 다가갈 필요가 있어요. 도시인들이 균형감을 잃고 혼돈에 빠지는 이유는 자연과 단절됐기 때문이라고 생각합니다. 인간만이 우리가 속한 곳과 제대로 된 관계를 맺지 못하고 있어요. 겨우 우리가 인공적으로 만들어놓은 세계 안에 살고 있을 따름이죠. 그럼으로써 세상을 이루는 실제 요소들과 바탕으로부터는 멀어지고 말았습니다. 저도 그래서 한때 오랫동안 파리를 벗어나 살았어요. 아이들이 초록을 보며 계절의 변화를 느끼도록 해주려고요. 아이들 학교 때문에 다시 파리로 돌아오긴 했지만요. 대신 텃밭 농사로 마음을 달래는데, 충분하진 않아요.

저는 날로 심해지는 국가주의에 움츠러듭니다. 옆집에 다정한 노부부가 사는데요. 새순이 올라온 철쭉 위에 손수건으로 차양을 만들어 꽂기도 하고, 증손녀가 대학에 가기를 거부했을 때는 준비한 입학금을 고아원에 기부하기도 한 이들입니다. 그런데, 지난 선거철에 트럼프를 지지하는 홍보 푯말이 그들의 앞마당에 꽂혀 있으니 불안해지더군요. 집단주의와 백인 우월주의에 동의하는 건 아닌가 미심쩍어졌습니다.

이해해요. 저도 비슷한 걱정이 되니까요. 그럼에도 우리는 지금 우리가 할 수 있는 일을 해야 합니다. 사람들은 보통 멀리 있는 큰 문제에 사로잡혀 휘둘리는데, 사실 우리는 곁에 있는 이들을 도울 수 있어요. 길모퉁이만 돌아도 많은 홈리스가 있죠. 그들에게 음식을 사줄 수도 있고, 호텔 방을 잡아서 하루라도 깨끗이 씻고 편안히 자게 해줄 수 있습니다. 인간다움을 누릴 시간을 갖도록. 행동하는 데는 그리 많은 준비가 필요하지 않죠. 각자 있던 곳에서 나와 발걸음을 옮기기만 하면 되거든요. 병든 지구를 회복시키는 일도 생활 방식을 바꾸는 소소한 노력에 달려 있다고 봅니다. 저 역시, 대단한 선언을 공개적으로 하기보다는 생활에서 실천하려고 해요. 행동이 생각을 완성시킨다고 믿으니까요.

국경없는기자회와 15년 넘게 함께했고, 최근에는 서류 미비 이주 노동자를 위해 적극적으로 나섰는데요.

아프리카 사람들이 프랑스에 들어올 수 있도록 도왔죠. 정부가 체류허가서를 안 내주려고 했거든요. 프랑스 정부는 이민을 강압적으로 막으려 하지만, 결국 실패할 겁니다. 이미 어마어마한 인구가 넘어오고 있어요. 곧 남쪽 인구 전체가 북쪽으로 이동할 겁니다.

그들은 왜 북쪽으로 이동하나요?

아프리카에 프랑스가 갔고, 벨기에, 포르투갈, 미국, 중국이 갔으니까요. 아프리카 사람들에게는 이제 땅도 일자리도 남아 있지 않습니다. 다국적 자본에 수탈당했고, 부패한 정부가 땅과 자원을 팔아넘겼죠. 정부는 더 이상 국민을 먹여 살리지 못하고 있어요. 게다가 지구가 점점 더 뜨거워지니 재해가 반복되죠. 살 수 없는 땅을 떠날 수밖에요. 이제 우리 모두는, 생각하고 행동하는 방식을 바꿔야 합니다. 그러지 않으면 우리 삶은 제대로 작동하지 못할 거예요.

이민사회에 대한 두려움은 없나요? 당신이야 경제적으로 위협받지 않는다 해도, 노동자들은 값싼 노동력이 밀려오는 상황을 두려워합니다. 국가경제가 흔들리리라는 공포에 사로잡혀 난민, 이민자로부터 등을 돌리죠. 저는 다른 두려움이 있습니다. 파리에서 폭탄이 터질지 모른다는 두려움이죠. 프랑스 사람들은 과거에 식민지에서, 특히 북아프리카에서 우리가 무슨 일을 저질렀는지를 제대로 인식하지 못합니다. 프랑스인으로서 저는 이민 문제에 대해 책임감을 느낍니다. 테러가 벌어지기 전에, 바로잡기 위해 노력을 기울였어야 했죠.

프랑스에 처음 방문했을 때, 청소나 육체노동 서비스직에 종사하는 이들 대부분이 아프리카계 혹은 무슬림인 것을 보고 당혹스러웠습니다. 인종 문제가 경제적 불평등 구조로 얽혀 차별이 뿌리박힌 미국의 상황보다 어쩌면 더 심각하지 않은가 생각했어요. 계급사회처럼 다가왔습니다. 한국의 다문화 가정, 이주민의 상황도 프랑스처럼 번져서는 안 된다는 생각에 다급해졌죠.

프랑스인들은 이제라도 이민자들이 모여 사는 교외로 가야 합니다. 여러 세대에 걸쳐 이민사회에 관심을 보여야 하고요. 예술이 갈등을 녹일 수 있다고 봐요. 예술은 삶을 전환시키는 힘이 대단합니다. 이민자들이 예술을 통해 분노를 표출하고, 좌절을 풀어내고, 스스로의 비전을 표현해낼 수 있도록 함께해야죠. 지금도 늦었어요. 이미 그들의 응어리가 외부를 향해 번져가고 있잖아요. 날것의 분노로 표현되고 있습니다.

저는 언젠가 이민이 인류 역사에서 중대한 의미를 차지하게 될 거라고 생각해요. 세상이 하나가 되는 거니까요. 여기저기 다른 피부색을 가진 사람들이 거닐고, 다른 정신세계 다른 전통이 함께 어우러지는 일, 그게 축제죠. 우리 각각은 모두 다릅니다. 한 가지 공통점은, 우리 모두가 다름을 존중하지 않고는 살아갈 수 없기에 그 차이를 이해하고 받아들여야 한다는 것이죠. 이것이 바로 관용입니다.

예전에 미술사를 공부했는데요. 배울 때는 비교연구를 해서 한국만의 고유한 특색을 찾으려고 했습니다. 그런데, 교토를 방문하고, 타이페이를 가고 하면서 헷갈렸습니다. 다르지만 또 한편으로 짙게 어우러지고 있어서요.

저는 우리가 하나의 근원에서 통합될 수 있다고 생각합니다. 도교에서 말하는 아름다운 경구가 있는데—영어로는 모릅니다만—의미 중심으로 옮겨보면요, [누군가는 이를 근원적 신God primary이라고 부르는데] '우리 각자의 삶은 보이지 않는 세상의 섭리를 드러내는 표출'이라는 겁니다. 각자의 의지로써 드러내는 것이 아니라 자연스럽게, 온 세상의 근원을 존중함으로써 드러낼 수 있다는 건데요. 그러려면 우리는 스스로를 고양시켜야 하죠. 세상의 근본 가치를 알아차릴 수 있어야 합니다.

근원이라 함은 신을 뜻하는 건가요?

아니죠. 존재의 근원입니다. 신은 거기에 이미지를 넣은 거예요. 알다시피 도교에서는 비움을 명상하죠. 왜냐하면 실제는 비어 있고, 우리가 존재하는 가운데 신성이 우리에게로 내려오는 것을 허락하니까요. 거기에 단어를 집어넣거나 잡고 있는 것이 아닙니다. 붙잡고 있을 것은 하나도 없어요.

제가 생각하기에 근원의 원리에 가까이 갈 수 있는 방법은 가슴을 통해서, 정신을 통해서 우리의 사랑을 느끼는 것입니다. 사랑은 어디에나 있어요. 또 사랑을 알아차리는 것은 모든 인간의 내면에서 가능합니다. 그러니 사랑이 만일 아직 거기에 없다고 해도, 어떤 평가나 판단을 내리지는 맙시다. 발견하는 순간이 올 테니까요. 그리고 무언가를 사랑하지 않기에 좋아하지 않는다고 말하는 것도 하지 말아요. 그 사랑은 내가 생각하는 사랑이니까요. 살아 있음의 표현은 모두 세상의 섭리를 보여줍니다. 비록 그것이 서로 다르다고 해도 말이죠.

스스로를 포함해서 모든 생명을 존중하는 태도가 아닌가 싶습니다. 지금
처럼 사람과 사람 사이에 집단적 증오가 커져갈 때, 서로의 존재를 받아
들이기 위해서는 용서가 필요하다고 봅니다.

용서는 제가 정말 관심 갖는 주제입니다. 남아프리카의 인종차별정책
범죄를 조사하는 진실과 화해 위원회The Truth and Reconciliation Commission
에 대한 영화²를 할 때였어요. 재판과 관련된 수많은 다큐멘터리를 봤
습니다. 어떤 흑인은 아주 끔찍한 고문을 받았고, 아이들을 잃는 참
을 수 없는 고통을 당한 이도 있었죠. 그들은 용서할 수가 없었습니
다. 그렇지만 자신들의 분노를 표현할 방법이 있었어요. 사법절차가 회
복을 위해 한 발 내딛는 디딤돌이 됐거든요. 인간으로서의 존엄을 회
복할 기회였죠. 차별 속에 있으면 제일 먼저 무너지는 것이 바로 '존엄'
입니다. 스스로를 하찮게 여기도록 내몰리니까요. TRC는 엄청난 사회
적 트라우마가 있을 때, 이를 극복해나갈 방법을 제시했어요. 끔찍한
전쟁이 이어지는 현대사회에서 비록 악을 처벌하지는 못할지라도, 최
소한 피해자의 입으로 어떤 참혹한 만행을 당했는지를 증언하고, 그것
을 미래를 위해 기록할 수 있다는 가능성을 보여줬으니까요. 모든 사
건, 상처와 분노가 가해자 앞에 제시되고, 역사에 기록되는 시간인 것
이죠. 그러나 저는 용서할 수 없는 사람들 또한 완전히 이해합니다.

당신도 트라우마가 있나요?

당연하죠. 우리는 모두 트라우마를 안고 삽니다. 낮고 깊은 목소리가 울컥울컥 올라오죠. 만일 우리가 서로의 그 숱한 트라우마를 들여다보고 산다면, 못 살 거예요. 차마 말할 수 없는 트라우마까지 다 드러내려 한다면, 모든 관계는 얼어붙을 겁니다. 트라우마를 지고 사는 개인들이 한 발짝 나아가는 길은 용기를 내는 것뿐이라고 봐요. 벼랑 끝을 통과해서 거대한 산맥을 넘으며 큰 산을 올라갔다 내려올 수밖에요. 말로는 참 간단하죠? 결국 조금 더 겸손해지는 길을 배워야 합니다.

당신은 무엇을 추구하나요?

너무 많은 환상을 갖지 말자고 생각합니다. 착각에 빠지지 않는 거죠. 진실을 추구하는 겁니다. 우리만의 진실, 우리가 살아가는 순간에 담기는 진실 말이에요. 그것만이 유일하게 추구할 수 있는 거죠. 그렇게 되면, 결코 거짓 환상의 길로 빠지거나 실수하지 않을 거예요. 마침내, 진정한 우리 자신이 드러나는 지점에 다다르게 될 겁니다. 자기에게 묻는 거예요. '나는 무엇을 느끼고 있는가?' '지금 내가 진정 문제라고 여기는 것은 무엇인가?' 우리 모두에게는 원하는 것이 무언지를 스스로에게 물을 수 있는 시간이 있답니다.

실천하는 몸짓

—

비노슈는 배움을 통해 어른이 되어간다고 했다. 인생의 성패는 마음의 성장에 달려 있다고도 덧붙였다. 그는 이를 "인생의 게임game of life"이라는 언어로 표현했다. 동물적인 면에서 벗어나 인간적인 면에 도달하는 과정으로서의 시간이자, 욕망을 내려놓는 시간이다. 욕망은 삶을 지속시키는 동력이지만, 조금은 놓아버릴 줄도 알아야 한다. 그래야 그 자리에 타인의 욕망이, 존중과 나눔이 들어온다.

큰 가치를 좇으면서도 정작 주변의 관계는 살피지 못하는 우리다. 비노슈는 곁에서부터 존중과 나눔의 가치를 실천하는 '몸짓'이 진정한 혁명이라고 했다. 가령 홈리스에게 하루라도 깨끗하고 안락한 방에 묵게끔 해주는 것, 그럼으로써 그가 자존감을 회복하고 '인간다운 삶을 누리고자 하는 욕망'을 되찾게끔 하는 것 말이다. 미국 유타주는 아무 조건 없이 홈리스에게 집을 제공하기 시작한 지 10년 만에 장기 홈리스 수를 91퍼센트까지 줄이는 데 성공했다. 깨끗한 잠자리, 인간다운 삶에 대한 욕망이 자립으로 이어진 것이다.

사실 우리는 일상에서 비슷한 풍경을 종종 마주한다. 8년 전 캐나다 밴쿠버에서였다. 한 사내가 추레한 모습으로 담요를 두르고 앉아 있었고, 나는 걸음을 옮기지 못한 채 그를 보며 머뭇거렸다. 그때 한 젊은 여성이 내 앞을 지나쳐 사내 앞에 햄버거와 커피를 가만히 내려놓았다. 영국 요크에서도 비슷한 일이 있었다. 중년의 사내가 미동도 없이 담벼락에 기대 서 있었다. 솜뭉치처럼 엉긴 머리가 젖어드는데도 그는 고개를 떨군 채 손에 든 빈 컵만 바라보았다. 그런데 옆 레스토랑 문이 열리더니 한 젊은 여성이 그의 발치에 포장한 음식을 내려놓고는 버스를 타고 사라졌다. 그는 음식을 향해 서서히 몸을 구부렸다. 비노슈가 일깨우려던 존중과 나눔의 마음은 이미 우리 안에 포개져 있던 것이다. 다시금 묻는다. 세상은 나와 어떻게 연결되는가? 우리에게는 어떤 용기가 필요한가?

쥘리에트 비노슈
Juliette Binoche

프랑스의 배우, 예술가, 활동가. 연극배우로 시작해, 1985년 앙드레 테시네의 「랑데부」에서 주
연을 맡으며 프랑스 영화계의 스타로 떠올랐다. 필립 코프먼의 영화 「프라하의 봄」(1988)으
로 영어 연기에 데뷔하며 국제 활동을 시작했다. 크시슈토프 키에슬로프스키의 「세 가지 색:
블루」(1993)로 베니스 영화제 여우주연상을 수상했고, 앤서니 밍겔라의 「잉글리시 페이션트」
(1996)로 아카데미 영화제, 베를린 영화제 등에서 수상하며 전 세계 청년들에게 영향을 끼
쳤다. 60여 편이 넘는 영화에서 자신만의 연기세계를 보여주었다. 라세 할스트롬의 「초콜릿」
(2000)으로 아카데미 여우주연상 후보에 올랐고. 2010년 키아로스타미의 「서티파이드 카피」
로 칸느 영화제 여우주연상을 수상했다. 그는 무용가 아크람 칸과 함께 현대무용을 선보였는
가 하면, 고대 그리스 비극 『안티고네』로 선과 악을 넘나들며 작동하는 인간의 마음을 들여다
보게 했다. 예술작품뿐 아니라 이민자, 여성, 아동 등 소수자와 사회적 약자의 인권 보호에도
앞장서며, '국경 없는 기자단'과 15년 이상 함께 활동해왔다. 20대에 죽음의 고비를 넘기며 생
명의 유한성을 체득한 그는, 삶이 어떻게 구체화되어야 하는가를 존재론적 시선으로 치열히
고민했다. 그 일환으로 나치스 치하에서 네 명의 예술가가 '개인과 사회의 고통'에 관해 나눈
대화를 담은 책 『천사와의 대화』를 매개로 한 워크숍을 진행하기도 했는데, 이번 대담도 워크
숍을 함께 진행한 방혜자 화백을 통해 연결되었다. 프랑스 문화계는 쥘리에트 비노슈를 "배우
를 넘어 인간 내면의 가치를 추구하는 완숙한 예술가"로 인정한다.

리베카 솔닛
Rebecca Solnit

45대 미국 대통령 도널드 트럼프. 그가 보여줄 내일의 시나리오는 탄핵부터 핵전쟁까지 예측이 불가능할 만큼 다양한 스펙트럼에 걸쳐 있다. 공존의 질서는 증오의 질서로 뒤엉키고, 다시 몸의 약자, 부의 약자에게 희생이 강요된다. 트럼프로 상징되는 네오파시즘은 앞으로 족히 100년은 분석의 대상으로, 또한 반면교사로 지상을 떠돌지 모른다.

리베카 솔닛과의 대화는 트럼프 정권의 태동에 임박해 진행됐다. 2016년 11월 9일 미디어의 예상을 뒤엎고 트럼프가 당선된 후 솔닛의 정신은 오직 한 곳으로 쏠려 있었다. 트럼프의 워싱턴 입성을 저지하겠다는 일념. 아침저녁으로 들여다본 그의 페이스북 페이지에는 한 시간마다 포스팅이 올라왔다. 때로는 장문의 격정적 호소가, 그사이로는 트럼프 관련 기사 링크가 수시로 채워졌다. 그의 포스팅은 온통 해

시태그로 마무리됐다. #DefendDemocracy(민주주의를 방어하자)!

그와 처음 마주친 곳은 인터뷰 하루 전인 2016년 12월 19일 새크라멘토에 있는 캘리포니아 주청사 앞이었다. 죽어가는 민주주의를 상징하는 검은 옷을 맞춰 입은 여남은 명의 청년이 북을 울리며 "트럼프만 아니면 된다!"고 외쳤다. 청사 앞은 이른 새벽부터 내달려온 캘리포니아 시민으로 가득했다. 엄마 손을 잡고 온 초등학생, 휠체어에 앉은 중년, 청년, 노인 할 것 없이 모두 저항의 메시지를 두르고 흔들며 "민주주의를 방어하자"고 호소했다. 대통령 선거인단 투표에서 트럼프를 거부하도록 캘리포니아 선거인단을 압박하기 위함이다. 검푸른 돔을 인 백색의 청사 아래 솔닛이 기둥처럼 서 있다. 검은 천에 하얀 고딕 글씨로 박힌 #DefendDemocracy.

그리고 다음 날, 도널드 트럼프는 공식적으로 미국의 대통령이 되었다. 샌프란시스코의 자택 식탁에 마주 앉자 솔닛이 내게 물었다. "어떻게 대통령을 탄핵했나요?" 나는 말했다. "한 공간에 180만 명이 뜨겁게 모여 차가운 이성으로 명령했습니다."

탁자를 비추던 햇빛이 방을 돌아 물러날 때까지, 솔닛은 구체적 사안에 대해 구체적인 의견으로 답했다. 논쟁이 분분한 주제에 관해서도 강단 있게 의견을 밝혔다. 젠더, 정치에 대한 그의 발언들은 그가 속한 세계에서 힘의 균형을 흔들 내용이다. 그럴수록 하나의 사안은 여러 빛깔을 뿜어낸다. 그는 더 깊은 논쟁, 더 복잡한 이해, 더 역사적인 인식을 위해 우리를 자극해왔다. 회색빛 안에 있는 세계, 혹은 검정과 흰색 외의 온갖 색을 보여주고자.

●

우리가 이긴다는 사실

—

선거인단 투표로 트럼프의 대통령 당선이 확정됐는데, 어떤가요?

몹시 끔찍하지만, 승리하리라 예상하진 않았습니다. 그래도 가치 있는 시도였죠. 무엇이 가치를 만드는가를 떠올릴 때 늘 하는 생각이 있어요. '어떤 일이 일어날지 우리는 결코 알지 못한다.' 때론 우리가 직접 관여하지 않은 일도 현실에서는 일어납니다. 청년 시절, 네바다 핵실험장을 폐쇄하려고 열심히 활동한 적이 있어요. 그 일이 당시 소련 활동가들에게 영감을 주었나 봅니다. 우리가 네바다 핵실험장을 폐쇄했듯, 소련의 활동가들도 그들의 핵실험장을 폐쇄했습니다.

선거인단에게 영향을 주려던 어제까지의 활동은 이 선거의 위법성을 여론 심판으로 가져가려고 한 행동이에요. 선거인단 제도가 얼마나 터무니없는지 들여다볼 계기를 마련한 거죠. 미국이 지구상 대부분의 나라처럼 선거를 했다면, 힐러리 클린턴이 당선됐을 겁니다. 힐러리가 280만 표를 더 얻었으니까요. 도널드 트럼프가 그 자리에 있게 된 필연적인 이유를 대중의 입에 올려놓음으로써, 왜 그가 대통령이 되어서는 안 되는지를 그들 스스로 말하게 했습니다. 그럴 만한 가치가 있었다고 생각해요.

그렇지만, 이 시도는 역설이기도 해요. 진작 더 많은 사람이 나섰다면, 아마 그를 막을 수 있었겠죠. 우리는 항상 역설을 마주합니다. 적어도 이 나라에서는 많은 사람이 자신에게 힘이 있다는 걸 믿지 않아요. 우리가 세상을 비폭력적으로 변화시켜왔다는 사실을 기억하지 못합니다. 우리가 해내리라고 생각하지 않기 때문이죠. 맞아요, 우리는 아무것도 할 수 없습니다. 단, 더 많은 사람이 참여하지 않을 때 그렇죠. 제가 쓴 수많은 글은 우리가 이긴다는 사실, 우리에게 힘이 있다는 사실을 사람들로 하여금 받아들이게 하기 위해, 당연하게 여기도록 하기 위해 노력한 결과물입니다.

함께 모여 소리를 높인 경험, 몸에 새긴 연대의 기억이 승리를 앞당길 것이라는 신념인가요? 때로는 또 한 번의 실패를 경험함으로써 상실감에 빠지기도 하는데요.

저는 사람들이 매우 단순한 분석에 빠져 있다고 생각합니다. '이 일을 하면 막아낼 수 있다. 이것만이 유일한 목표다. 그러나, 실패한다면 이는 시간낭비다. 우리는 졌다.' 우습게도 미국 사람들은 확실한 걸 좋아해요. 연인이 집 앞에 나타나지 않으면, '이젠 날 사랑하지 않나 봐, 다시는 오지 않을 거야, 사고가 났을지 몰라' 하는 식으로 생각을 뻗어 갑니다. 그만큼 불확실성과 사는 일이 힘드니까요. 하지만, 불확실성은 단지 일이 어떻게 벌어질지 알지 못하는 것이거든요.

저는 선거인단에 아무런 변화가 일어나지 않을지도 모르지만 그래도 괜찮다고 생각했어요. 그런데, 실제로 한 선거인이 자신은 트럼프에게 투표하지 않겠다고 선언했어요. 놀라운 일입니다. 우리의 시도는 어떤 면에서 과학처럼 나아갑니다. 의도한 실험 결과를 항상 얻지는 못하죠. 예상과 다른 결과를 얻기도 하고요. 그렇지만 그 결과는 위대한 발견을 하는 데 도움이 돼왔습니다. 그래서 우리는 계속 실험해야 해요. 매번 좀더 유용한 설비를 갖춰가면서요.

많은 한국인이 대통령 탄핵소추안 가결이라는 큰 산을 넘었지만 과거의 경험을 떠올리며 불안해해요. 이번에도 뭔가 이뤄내지 못하고 지나가는 건 아닌가 하는 생각에 광장을 떠나지 못합니다.

아랍의 봄으로 시리아, 이집트 등에서 정권이 여섯 번 바뀌었습니다. 그러나 바람직한 방향으로 마무리되지는 못했죠. 독재자 한 사람을 넘어뜨리는 것만으로는 부족해요. 우리는 올바른 선택을 계속해나가야 합니다. 가끔은 일이 풀리기도 했어요. 광장으로 나온 개인들이 동유럽의 여섯 정권을 전복시켰고, 16년 전 아르헨티나에서도 신자유주의에 대항하는 봉기로 정권을 교체한 바 있죠.

싸움의 기억

—

승리에 대한 당신만의 경험이 있나요?

제가 쉰다섯 살인데요. 모든 가능한 방식에서 막대한 변화가 일어나던 시기에 태어났습니다. 감히 상상도 할 수 없던 일이 펼쳐졌죠. 일단 변화의 인과를 이해하기 시작하면, 그런 과정은 한낱 가능성이 아닌 불가피한 진행임을 체감하게 됩니다. 제가 자랄 때만 해도, 여성의 권리랄 게 별반 없었어요. 남편이 아내의 신체를 소유했고, 강간을 고발하는 일은 거의 일어나지 않았죠. 분야를 막론하고 권력을 쥘 수 있는 위치에 여성이 오르는 일은 매우 드물었고, 모든 일터에 성차별이 만연했습니다.

1991년, 저는 애니타 힐 사건[1]이 불러온 변화가 진행되는 과정을 빠짐없이 목격했습니다. 애니타 힐 사건 이후 우리 일상의 언어는 좀더 세련되어졌어요. 또 샌프란시스코에 살았기에 동성애 인권운동의 시작을 지켜볼 수 있었습니다. 젠더에 대한 개념이 정립되고, 개인의 성적 취향을 고려의 대상으로 삼으며, 결혼의 의미를 확대해나가는 과정을요.

직접 참여했던 잊지 못할 순간이 있나요?
좋아요, 뭔가 거창한 걸 기억해보죠. 키스톤 XL 송유관 사업 알죠? 캐나다 앨버타주에서 나오는 원유를 미국 텍사스주에 위치한 정유 시설까지 나르는 송유관을 건설하는 사업이었는데, 사업이 시행되기 몇 년 전부터 사람들은 이를 반드시 저지해야 한다고 목소리를 내왔어요.

7년에 걸친 오랜 싸움이었죠. 공화당은 일자리 창출을 명목으로 내걸었고요. 오바마 정권이 환경오염을 근거로 막바지에 불허 결정을 내렸을 때 저도 안도했습니다.

몇 해 전까지만 해도 사람들은 송유관이 결국 건설되고 말 거라며 지레 낙담했어요. 그때 워싱턴 항의 집회에 참가했습니다. 모두 함께 외쳤죠. "일어나서는 안 될 일이다!" 마침내 불허 결정이 났고, 이 사건은 싸움의 전체 판도를 뒤흔들어놨어요. 다른 송유관들까지 취소됐습니다. 심지어 트럼프가 송유관을 건설하려 한다 하더라도, 이제 우리는 그들이 정한 규칙이 '바뀔' 수 있고, 끝내 우리가 '이길' 수 있다는 믿음을 갖게 된 겁니다.

왜 트럼프에 반대합니까? 50퍼센트에 달하는 유권자가 그를 원했고, 당선을 환영하는데요.

트럼프에 반대할 수백만 명이 투표할 수 없었습니다. 유색인종의 참여 기회가 박탈되었죠. 유권자신분확인법 같은 제도 때문입니다. 처음에 힐러리에게 표를 던졌던 660만 명이 본선거에서 투표하지 못했습니다.

4년 전 문제가 되었던 법안 개정과정이 생각납니다. 공화당이 과반을 점유한 30개 주에서 개정이 이뤄졌죠. 사진을 부착한 정부 발행 증명서와 함께 어떤 주에서는 거주 사실을 증명하는 쓰레기 수거비 납부 영수증을 제시하도록 하는 법안이었습니다. 개정 전 투표권자의 11퍼센트에 달하는 2100만 명이 증명서를 가지고 있지 못하다는 추정이 나왔는데요. 그들 대부분은 저소득층이었죠.

거기에 무효표 논란이 일었던 접전 주인 위스콘신, 미시건, 펜실베이니아, 노스캐롤라이나, 플로리다에서 공정하게 재개표를 했다면 트럼프는 당선되지 못했을 겁니다. 엉망이 될 대로 엉망이 된 선거에서, 모든 것이 트럼프에게 유리하게 돌아갔죠. 그럼에도 그는 전체 득표에서 이기지 못했습니다. 전국 득표수 중심으로 선거가 진행됐다면 공화당은 패배했을 거예요.

선거 시스템을 전면 재점검하고, 완전직선제로 개혁하자는 주장이군요.

급진적인 개혁이 필요합니다. 또 하나, 사람들이 아무리 자유로이 무언가를 선택했다 하더라도, 그것이 아내를 '자유롭게' 폭행하겠다, 자식을 '자유롭게' 살해하겠다는 선택이라면 결코 그 선택은 지지되어서는 안 됩니다. 트럼프에게 투표했다는 것은 가난한 사람들에게 벌을 주고, 어린이를 굶기고, 아픈 사람이 병원에 가는 것을 막겠다는 뜻입니다. 사람이 죽을 수도 있는 문제이지요. 또한 UN이 기후변화를 천명한 것을 실패로 만들 수도 있습니다. 이는 수많은, 엄청난 재앙의 원인이 될 겁니다. 우리는 누구라도 이런 재난을 막고, 이런 재난을 불러오는 선택에 반대할 수 있어요. 이웃 나라가 당신의 나라를 무너뜨릴 선택을 한다면—한국이 광장에서 자국 정부에 저항했던 것처럼—그 나라의 지도자에게 저항해야 합니다. 저는 스스로에게 두 가지를 물었습니다. '그가 끼치려는 해악을 멈출 필요가 있는가?' 있었죠, 당연히. '우리는 반드시 민주적 절차를 존중해야 한다. 그런데 선거과정이 민주주의적이었는가?' 아니었습니다.

선거 때마다 변수는 제3의 후보가 나타나는 것입니다. 진영 내에 여러 후보가 나오면서 세력이 분열되면 집권은 요원한 산수 게임이죠. 그럴 때 우리는 차악이란 개념을 강조합니다. 최선은 아니지만, 될 만한 후보를 밀어주기 위해 차악을 선택하자고요. 선거마다 반복되는 지겨운 레토릭입니다. 그런 면에서 힐러리는 차악이라는 소리를 들어왔고, 그러니 트럼프가 된 데 그렇게까지 과민 반응할 필요는 없다는 의견도 있습니다. 마치 감기가 에볼라에 비하면 차악이라는 말과 같군요. 에볼라도 싫지만, 그냥 감기도 싫은 건 마찬가지라는 소리입니다. 사실 저는 최악보다는 차악이 낫다는 말이 현실을 설명해내는 데 적절한지도 모르겠습니다. 단 한 번도 정치 선거에 희망을 가져본 적이 없으니까요. 선거는 끔찍하게도 더러운 비즈니스입니다.

그런데 이와 별개로 힐러리 클린턴을 향한 혐오에는 무수한 젠더적 의미가 있다고 봅니다. 왜냐하면, 힐러리의 공약은 버니 샌더스와 대단히 닮아 있었거든요. 하지만 사람들은 그것을 들여다보려 하지 않았어요. 빌 클린턴, 버락 오바마의 모든 정치적 선택, 이 두 남자가 한 일들을 싸잡아 힐러리의 정치적 행보라고 비난했습니다. 그들은 남자들에 대해서는 이런 식으로 비난하지 않습니다. 트럼프를 저지하기 위해 숨 가쁘게 움직였어야 할 사람들이, 힐러리를 비난하는 데 전력을 다한 겁니다.

젠더 혐오에 갇혀 현실에 눈감는 자기기만에 빠졌다는 건데요. 대중과 언론이 트럼프가 유일한 공화당 후보라는 사실을 얕잡아본 면도 있습니다. 기존 공화당 지지층에게 트럼프 외에 다른 선택이 없었다는 점을 경시했던 것만은 사실이죠.

힐러리를 저지하기 위해 싸운 건 그래서 더 정신 나간 일이었어요. 일어나지 않을 일이 일어나고 말았으니까요.

솔직히, 저는 버니 샌더스를 지지합니다.

그래요. 버니가 대통령이 되었다면, 저도 정말 기뻤을 겁니다. 하지만, 프라이머리가 끝나고 우리와 도널드 트럼프 사이에는 힐러리만이 남아 있었어요. 저는 도널드 트럼프가 대단히 위험하고 파괴적인 인물임을 알고 있었습니다. 지금 엄청나게 쏟아지는 증오범죄를 보세요.

거리를 가로지르는 위협, 극단적 혐오를 드러내는 사이버 불링은 정치적 견해를 가리지 않고 히잡과 피부색만을 표적으로 삼아 특정 집단을 공격하고 있습니다.

이미 중국과 갈등이 일어났고, 아직 권력을 다 장악하지도 않은 이 시점부터 그는 파괴를 저지르고 있습니다.

분노를 넘어서기

—

그럼에도 불구하고 백인 노동계급—한국이라면 중류 노동계급—의 분노는 고려해봐야 할 상황 아닌가요? 잠재한 분노를 살피는 일은 모두의 책임이기도 합니다.

우리는 분노란 진정성을 갖춘 감정이기에 반드시 존중해야 한다고 말하면서 분노를 신성시해왔습니다. 하지만 분노는 얄팍한 감정입니다. 피상적이죠. 사람들이 화내는 이유는 신문에서 끔찍한 기사를 읽었기 때문이고, 주의를 기울여 사안의 본질을 파악하지 않았기 때문입니다. 그들은 가짜 뉴스를 들이밀며 힐러리 클린턴에게 분통을 터뜨렸어요. 피자 게이트 같은 경우가 극단적인 예입니다. 피자 가게를 비밀 통로 삼아 힐러리가 아동 성매매 조직을 운영한다는 날조된 뉴스였죠. 그들은 게으르기 짝이 없는 방식으로 분노했습니다. 분노하는 기분을 즐기면서 계속 분노에 먹잇감을 던진 거죠. 자신들이 무엇을 던지고 있는지 살피지 않았습니다. 저는 그런 분노는 존중하지 않습니다.

그렇지만 지난 30년간 보수, 진보를 막론하고 엘리트가 득세하는 성과주의 세상이 됐다는 데는 대부분의 사람이 공감합니다. 이 판을 뒤엎고 싶어하는 백인 노동계급의 불안은 시대 감정이기에 중요하게 다뤄야 한다고 보는데요. 백인뿐 아니라 유색인 이민자들조차도 20~30년 전 이민 올 당시의 '하얀 미국', 경쟁이 지금처럼 심하지 않았던 미국이 그립다는 불만을 토로합니다.

그것도 참 웃기는 방식이에요. 백인들은 미국에서 여전히 다른 누구보다 더 잘 나갑니다. 백인이 아닌 대다수의 사람은 30년 전이나 지금이나 그저 그런데 말이죠. 우리는 경제를 더 면밀하게 들여다봐야 해요. 지금까지는 더 많은 부를 부유한 이들이 거둬갔고, 점점 더 줄어들어가는 부를 나머지 모두가 나누었습니다. 트럼프 내각의 17인은 미국 전체 인구의 30퍼센트가 소유한 자산보다 더 많은 자산을 가진 사람들입니다. 미국은 분배의 위기를 맞고 있어요.

보수 세력은 평범한 미국인들이 어떻게 사는지에 대해 수많은 거짓말을 곁들여가며 이런저런 이야기를 합니다. 사실 대부분의 사람은 원래 그렇게 화가 난 상태가 아닙니다. 그런 그들에게 말하죠. "이 사람들은 당신의 국기를 불태우려 한다. 당신의 종교를 존중하지 않는다." 이런 말을 들으면 보수 백인사회는 매우 흥분합니다. 분노는 게으른 감정입니다. 일단 분노에 사로잡히면 똑똑한 '나'는 오간 데 없이 사라져버리고, 우리는 사안을 세밀하게 들여다보지 못하게 되죠. 트럼프에게 투표한 많은 사람은 그런 평온한 중류층이었고, 힐러리에게 투표한 이들은 그보다 더 적게 가진 사람들입니다. 이들 모두가 트럼프의 정책을 면밀하게 살펴봤다면, 그가 부자를 더 부유하게, 가난한 자를 더 가난하게 만들리라는 것을 알 수 있었을 겁니다. 그렇다면 마땅히 트럼프의 정책에 분노해야 하는데, 제가 마주한 수많은 분노는 그렇지 않았습니다. 어리석었죠. 잘못된 정보가 만연했고, 여성혐오와 분탕질이 판쳤죠. 이는 증오범죄와 깊게 연결돼요. 유대인, 유색인종, 여성, 무슬림 등을 향한 비뚤어진 시선 말입니다. 그런 분노를 저는 조금도 존중하지 않습니다.

경제 권력이 인기를 얻는 상황은 대단히 위험합니다. 권력의 핵심을 장악할 수 있으니까요. 그것은 부를 가진 한 개인이 아닌, 그가 활동하는 네트워크 전체가 집단적인 권한을 얻는 것을 의미합니다. 러스트벨트의 백인 제조업 노동자들도 곧 그들이 선택한 백인 남성이 자기가 속한 부자 친구들의 이윤을 보호하는 길로 갈 뿐임을 분명 깨닫게 되리라 봅니다. 분노는 '감정'입니다. 우리가 느낄지 말지를 선택할 수 있는. 의사가 병을 다루는 방식을 보면 이해하는 데 도움이 될 거예요. 의사는 질병의 원인을 찾아내려 합니다. 그렇다고 병균에게 화를 내지는 않죠. 암 종양을 보고 분노하지는 않잖아요. 그보다는 치료법을 찾으려고 하죠. 저는 우리가 사안을 대하는 방식이 이런 식으로 진전되길 바랍니다. 지성과 짝을 이뤄 의미 있는 변화를 만들어내지 않는다면, 분노는 그리 가치 있는 게 못 돼요.

실재하는 불만은 집단적 현상이고, 미국뿐 아니라 한국에서도 여러 사례로 나타났습니다. 한국의 러스트벨트라 할 수 있는 구미 지역을 중심으로 한 구시대의 성공 신화가 있었습니다. 사람들은 박정희 신화에 대한 기대를 그의 딸에게 보냈죠.

그건 우리가 무엇에 대해 이야기하는가에 달려 있습니다. 우선 우리는 줄곧 백인 노동계급에 대해서만 이야기합니다. 노동계급은 50년 전 이곳에 수많은 공장 노동자가 있었을 때 쓰던 용어예요. 지금은 상황이 많이 달라졌습니다. 미국에는 지독하게 가난한 시간강사도 수없이 많고, 매우 부유한 배관공도 많이 있어요. 노동계급을 따지는 것은 그리 유용한 분류 방식이 아닙니다.

또한 러스트벨트에 사는 가난한 노동계급에 대한 이야기에는 온통 백인 남자만 등장합니다. 백인 여성조차 없어요. 러스트벨트 이야기는 백인 남성이 다른 누구보다 훨씬 더 중요하는 것을 다시 한번 우리에게 주지시키는 겁니다. 그들을 존중해야만 한다고요. 그들이 인종차별주의자이자 여성혐오자에게 표를 준 이유죠. 백인 남성의 60퍼센트 이상이 트럼프를 선택했어요. 백인 여성은 54퍼센트가 트럼프에게 투표했고요. 두 집단의 차이는 힐러리 클린턴에게 투표한 숫자에서 드러납니다. 클린턴에게 투표한 여성은 백인 대 유색인의 비율이 52퍼센트 대 42퍼센트 혹은 53퍼센트 대 43퍼센트로 10퍼센트 차이인데 반해, 백인 남성은 그 절반에도 못 미치는 30퍼센트만이 클린턴을 선택했습니다. 그들이 유독 트럼프를 지지한 배경에는 이런 생각이 있다고 봐요. '백인 남자가 좀더 낫지.'

그런 그들에게 우리가 뭔가를 더 주어야 하나요? 왜 여성을 경멸하는 자와 유색인에게 벌을 내리려는 자에게 투표하지 말라고 말하지 못하죠? 칠레에서 피노체트에게 표를 준 사람들을 이해해야 합니까? 노동자의 분노는 우리를 현혹한 거짓 선동일 뿐이에요. 말하자면, 트럼프는 선거에서뿐 아니라 문화 전쟁에서까지 승리를 거둔 겁니다. 지금 우리는 그들의 말을 존중하고, 살펴야 한다고 강요받고 있어요. 버니 샌더스조차 정치적 정체성에 관해 논쟁하는 것을 그만두어야 한다고 말했죠. 그러나 그것은 인종 정의, 젠더 정의를 구현하기 위한 강력한 용어입니다. 이를 쓰지 말라고 하는 것은 여성과 유색인 들에게 입을 닥치라고 하는 것이나 마찬가지죠. 저는 그 말에 괜찮지 않습니다.

단순화로부터 거리두기

—

『어둠 속의 희망Hope in the Dark』이라는 책에서 당신은 희망을 만들어가는 동안 작은 차이들을 극복하며 의견을 모으자고 말했습니다.

맞아요. 그런데 이건 작은 차이가 아닙니다. 미국의 절반은 여성이고, 3분의 1은 유색인이죠. 여성과 유색인에게 입을 다물라고 말하는 것은 절반이 넘는 미국인에게 입을 다물라고 하는 것과 같습니다. 자신들의 문제, 자신들의 이슈에 관해 상관하지 말라는 거죠. 그러면 그들은 자신들의 '정의'에 관해 말을 할 수 없게 돼요. 인종과 젠더는 작은 차이가 아닙니다.

요즘 페미니즘은 젠더 문제를 문화적으로 좀더 부각시키고 있습니다. 미국에 사는 저는 한국인 이민자이고 여성이기에, 백인 미국인 여성에 비해 이중의 핸디캡을 갖고 있다고 할 수 있습니다. 그래서 다른 불평등도 함께 이야기해야 한다고 여기는데요. 가장 약자는 이민자 장애인 싱글맘 노동자가 될 수 있으니까요.

인종과 계급, 젠더와 성정체성, 장애…… 세상에는 사람을 분류하는 수백 가지 잣대가 있습니다. 거기에서 여성이란 분류는 거대한 차이를 지니는 커다란 기준이죠.

그래도 부자 백인 여성은 길거리 폭행으로부터는 좀더 안전하지 않을까요? 행동반경이 비교적 안전한 지대일 테니까요.

하지만 가정폭력은 다르죠. 도널드 트럼프도 첫째 부인을 폭행했어요. 부자 여성도 비슷한 처지에 있습니다. 아무리 부유한 여성이라도 100퍼센트 안전하다고 할 수는 없죠. 사람들은 돈이 많으면 인종차별을 당하지 않는다고 말하는데, 우리는 이미 최고로 유명한 남배우와 운동선수 들조차 경찰에게 폭행당하는 걸 목격했습니다. 저명한 하버드대 교수인 헨리 루이스는 자기 집에 들어가려다 경찰에게 연행됐어요. 부자 동네에 침입한 흑인 남성으로 취급됐습니다. 최고의 특권층이라 할 수 있는 아프리카계 미국인조차 하찮은 존재로, 폭력의 대상으로 여겨집니다. 흑인이라는 이유로. 마찬가지로 최고의 특권층에 속한 백인 여성도 끔찍한 대우를 받습니다. 여성이기 때문에.

저는 불평등의 문제가 해소됐을 때, 약자의 삶은 자연스레 더 든든한 안전망을 갖게 된다고 말해왔는데요. 이런 제가 페미니즘을 언급할 때면 제 말에 동의하던 남성들도 돌연 공격적으로 반응합니다.

필요한 건 다 가졌는데, 왜 그러냐는 거죠? (웃음)

미국에서도 반복되는 반응인가 봅니다. (웃음)

그들은 정치적인 입장을 보는 거죠. 문화적인 행위를 보는 것이 아니라. 우리는 계급 문제를 이야기할 수 있지만, 그것이 언제나 젠더 문제보다 더 중요하다고 말할 수는 없습니다. 부자 여성도 폭행당하고 강간당하고 배제당하고 묵살당하니까요.

지난봄에 글을 한 편 썼는데요. 도널드 트럼프를 여성으로 놓고 풍자했습니다. 당시 상황을 좀 이야기해볼까요. 트럼프가 "여성이라는 카드를 쓴다"며 힐러리를 공격하던 무렵이었어요. 남자들이 입에 달고 사는 소리이기도 합니다. 버니까지도 그랬죠. 힐러리가 "여성이라면 자기에게 표를 던져야 한다"고 말하는 것처럼 몰아세웠습니다. 사실과 다르죠. 힐러리는 교육과 경제, 에너지 정책에 대해서 엄청나게 많은 발언을 했어요. 이들 정책이 젠더 문제와 관련됐다 말하지는 않았습니다. 저는 만일 트럼프가 여성이라면 과연 어떤 반응이 나올까 상상해보자고 제안했습니다. 그가 한 성적인 행동에 모두가 역겨워했겠죠. 미쳤다고 비난을 퍼부었을 겁니다. "거만해서 못 봐주겠다." "거짓말이다." 그의 말에 대놓고 반박했을 거예요.

진실은 항상 복잡합니다. 저는 단순화하는 것을 경계하죠. '젠더가 아니라 계급이다, 계급이 아니라 젠더다, 젠더가 아니라 인종이다……' 심지어 이제 인종과 젠더에 대해 그만 이야기해야 한다니! 이건 또 뭐 랍니까!

당신의 해법을 알고 싶어요.
계속 발언하는 겁니다. 해야죠. 더 우아하게, 더 복합적으로. 존중하면서. 진실 되게. 사람들을 교육하는 거예요. 언어의 뉘앙스와 복잡한 함의를 세심하게 바라보도록. 그다음에는 트위터나 문자 메시지, 헤드라인 뉴스 따위가 말하는 '낱알로 흩어진 분절된 의미들'에 저항하는 겁니다. 뭔가를 지나치게 간단하고 드라마틱하게 말한다고 느낄 때, 저는 과도한 단순화로부터 우리 스스로를 방어하기 위해 맞설 겁니다. 알베르트 아인슈타인은 말했어요. "모든 것은 가능한 한 단순해야 한다. 그렇지만 지나치게 단순해서는 안 된다." 저도 같은 입장입니다.

분절된 언어로 일축된 공격을 받았을 때, 상대편을 이해하려는 정성은 파편처럼 흩어질 수밖에 없죠. "이미 필요한 건 다 가졌잖아?"라는 남성의 비아냥은 '부르주아 페미니즘' '백인 페미니즘'이라는 오래된 프레임과 맞물려 있다고 봅니다. 백인 페미니스트로 대표되는 글로리아 스타이넘은 이런 프레임이 바로 연대를 끊어내려는 공격이라고 했습니다. 여성끼리 반목하도록 만들려는 시도라는 거죠.
모든 차이에 대해 이해할 필요가 있어요. 그리고 누가 다른 사람의 상실이나 소외로부터 이득을 얻는지도 꼼꼼히 들여다봐야죠. 모든 문제는 항상 복합적으로 드러납니다. 저는 교차로라는 개념을 좋아합니다. 여러 상황을 고려하도록 하는 개념이라서요. 여기 인종이라는 8차로가 있고, 이쪽에 젠더라는 2차로가 지난다면, 둘은 교차로에서 만나요. 이 둘을 함께 고려해보는 겁니다. 저는 파란 눈에, 금발입니다. 백인으로 보이죠. 하지만 그냥 백인이기만 한 건 아니에요. 아버지 쪽 친척이 모두 폴란드와 독일에서 제노사이드를 당했습니다. 집단학살의 가족사가 있는 사람들은 어느 정도 그 영향 아래 있어요. 한편 저와 같은 피부색을 가진 백인 친구는 '라티노'라고 불립니다.

사람들은 저마다 복잡한 환경을 갖고 있어요. 이 사실을 단순화하려 할 때마다, 다시 불확실성을 기억할 필요가 있습니다. 상대가 누구인가에 대해 지나치게 예단하지 말고, 불확실성을 갖는 태도죠.

트럼프 이후의 세계에서 희망을 말하기

—

트럼프 이야기를 좀더 할까요? 브렉시트 옹호자들도, 트럼프도—그동안 진보에서 강력히 주장하던 것처럼—자유무역을 비판했습니다. 신자유주의는 실패했으니, 이제 다시 돌아가자고요.

신파시즘으로요? (웃음) 미안해요, 끼어들어서. 저는 신자유주의 체제가 사람들로 하여금 서로를 증오하게 만든다고 여깁니다. 미국인들은 부시 정권하에서 겨우 살아남았습니다. 8년에 걸친 신자유주의 질서

속 신보수주의 체제였죠. 자유무역에서 국제주의에 덜 집중하면서 국가주의와 전쟁, 폭력과 군사주의에 더 집중했어요. 신보수주의는 미국뿐 아니라 미국 외 나라에서의 인권 박탈을 정당화하는 데 사용됐습니다. 9·11이 여기에 정당성을 가져다줬고, 수많은 사람을 두려움에 떨게 했죠. 오바마 정권 8년이 끝난 이제, 보수주의는 다시 어떤 사건이나 테러를 계기로 부활할 거예요. 심지어 더 많은 권리를 박탈하려 들 겁니다. 신자유주의는 걷잡을 수 없는 자본주의적 기회주의를 갈망하도록 사람들을 부추겼습니다. 신파시즘은 여기서 한 발 더 나아갑니다. 신자유주의의 핵심인 기업 권력과 국가주의의 핵심인 국가 폭력의 결합이죠. 저는 신자유주의를 거둬내겠다는 트럼프의 말을 믿지 않아요. 그는 일관된 경제 계획을 갖고 있지 않습니다. 일자리를 만들겠다는 둥 떠들면서 아무렇게나 행동하고 있을 따름이죠.

미국은 세계 군사력의 절대 강자입니다. 그가 펼칠 외교정책은 한반도를 비롯한 세계 평화에 막대한 영향을 미칠 겁니다. 많은 사람이 그의 예측 불가능성에 불안해합니다.

맙소사! 겁나기 짝이 없죠. 외교정책이 뭔지도 이해하지 못할 걸요. 트럼프가 우리를 겁에 질리게 하는 근본적인 이유 중 하나가 바로 이겁니다. 최근에 타이완 총통이 중국과의 관계에 미치는 영향력 등을 염두에 두며 트럼프와 대화를 시작했습니다. 그런데, 정작 트럼프는 타이완에 지을 자기 호텔 투자 홍보를 하려고 했다는 거예요! 이 남자는 자기 조국 전체를 배반할 겁니다. 세계를 전쟁 속으로 던져버릴 수도 있고, 어마어마한 권력자들을 전쟁으로 꿰어내 사재를 키울 수도 있는 위협적인 인물이에요. 조지 부시는 자기 친구들을 더 부자로 만들어주긴 했지만 그들의 석유 회사에 사적인 출자를 하지는 않았습니다. [딕 체니가 핼리버튼을 통해 이라크에서 이윤을 거두긴 했죠.] 하지만 트럼프는 아귀예요. 불교에서 말하는 탐욕의 환생. '도자기 가게에 간 황소'라는 표현 아세요? 영국식 표현이에요. 섬세한 자기가 가득한 곳에 황소를 풀어놓은 거죠.

와장창 박살이 나겠네요. 미스터리한 인물입니다.
미스터리한 것 이상이에요. 저는 세일즈맨이라고 생각합니다. 자신이 원하는 건 뭐든지 팔고, 그러기 위해 필요한 술수를 부릴 거예요. 러시아의 한 분석가가 푸틴과 트럼프가 거짓말을 어떻게 사용하는지 분석했어요. 그가 말하길, 그 둘은 진실을 이기는 힘을 갖고 있다는 겁니다. 사실 혹은 진실이 아니어도 자신이 원하는 바를 끈질기게 주장하는 겁니다. 이 사실이 지금 우리 사회가 전체주의 사회임을 말해주죠. 푸틴과 트럼프는 마치 진실 자체를 지배하려는 것처럼 보입니다.

한국인들은 이미 상당한 경험을 했습니다. 대통령이 그의 친구들에게 공적 재산을 팔아넘기고, 신비주의로 포장된 언어가 국정을 파탄냈고요. 언제라도 다시 일어날 수 있는 일이죠. 필리핀에 사는 제 친구는 거기

서 미국인들에게 트럼프를 뽑지 말라고 간청했어요. 필리핀에도 폭군
이 있지만 그의 힘이 전 세계로 미치지는 않는데, 미국의 폭군은 전
지구에 영향을 끼친다면서요. 필리핀은 기후변화로 많은 영향을 받
고 있습니다. 기후변화를 부정하는 사람이 미국 대통령으로 선출된다
면 위태로운 상황이 벌어지죠. 트럼프는 파리조약을 거부하고, 석탄
을 다시 채굴하겠다고까지 하는 인물입니다. 물론 힐러리 클린턴이 완
벽한 기후 정책을 내놓지는 않았습니다. 하지만 버니 샌더스만큼은 되
는, 썩 괜찮은 정책이었어요. 샌더스가 지금 이 탁자의 오른쪽에 있다
면, 클린턴은 맞은편 즈음에 앉아 있을 겁니다. 하지만, 트럼프는 1마
일 밖에 있는 거예요. 사람들은 탁자의 이쪽과 저쪽을 놓고 싸우며,
그 차이에 집착했습니다. 1마일의 차이에 대해서는 무시했고요.

트럼프는 공화당 후보이기에 20세기 경제 부흥을 이끈 석탄 산업, 화석
에너지 자본의 지위를 강화하려는 보수층을 대변했습니다. 물론 표면상
으로는 광산 노동자들의 삶을 회복시키겠다며 백인 노동자의 일자리 되
찾기를 내세웠지만요. 반면 클린턴은 재생에너지를 언급했습니다. 미국
대선 3차 후보자 토론의 쟁점이었죠.

맞아요. 기후변화에 대한 문제점도 언급했죠. 반면에 트럼프는 단 한
번도 지구온난화를 입 밖에 내려 하지 않았고요.

기후변화 자체를 부정했죠.

굉장히 위험한 입장입니다. 기후변화를 부정하고 과학을 믿지 않는 사람이라면, 그 사람은 어떤 국가에서도 대통령이 될 자격이 없어요. 아무리 작은 국가라 할지라도. 그런데 하물며 가장 강력한 국가에서 이런 입장을 용인했습니다.

많은 사람이 오랫동안 이야기해온 이슈들—지구온난화와 재생에너지— 이 마침내 중앙 무대에서 정책으로 다뤄지는 것을 보고, 저는 어떤 벅차오름을 느꼈습니다. 8년 전까지만 해도, 워싱턴 정가에서 기후변화란 세상에 존재하지 않는 일이었습니다. 조지 W. 부시는 기후변화를 인정하지 않았고, 기업들은 반대 연구에 돈을 쏟아부었죠. 지구의 온도가 상승하고 물 순환이 바뀌면서 잦은 허리케인이 발생했고, 가난한 이들은 번번이 모든 것을 잃고 삶을 무無에서부터 다시 시작해야만 했습니다. 이들이 변방에서부터 벌인 저항이, 탄압을 뚫고 중앙 무대에서 격론을 일으킨 겁니다.

맞아요. 오바마가 기후변화에 발 담그게 한 것도 우리가 '만들어낸' 일입니다.

오늘 당신이 조국에 대해 말할 때 사용한 언어들은 꽤 암울한데요. 희망을 말할 수 있을까요?

물론이죠. 그 무엇도 영원히 지속되지는 않으니까요. 1990년 새해를 맞아 돌린 제 연하장엔 체코슬로바키아 거리에 있는 스탈린의 흉상 사진이 있었습니다. 그의 목에는 이런 글귀가 적혀 있었죠. "그 무엇도 영원하지 않다." 희망은 모든 것이 좋아지리라는 전망이 아닙니다. 우리가 하는 행동이 '차이를 만든다'는 사실을 아는 게 바로 희망이죠. 그리고 세상에는 싸울 가치가 있는 일이 있습니다.

어쩌면 트럼프는 이 나라가 맞을 수 있는 최악의 재앙인지도 몰라요. 반면에 그가 3개월 안에 신경쇠약에 걸릴지도 모르고, 프라이드치킨을 먹다가 목에 걸려 죽을지도 모릅니다. 어쩌면 외교관 영부인의 엉덩이를 움켜쥐다 망신당해 하야할 수도 있고요. 탄핵을 당할 수도 있겠네요. 엄청난 갈등과 분열을 조장했으니까요.

우리는 어떤 일이 일어날지 알지 못합니다. 그렇지만 우리가 아는 것이 있습니다. 아무 일도 하지 않으면, 모든 것을 최악으로 만드는 데 협력하는 행위라는 것. 참여하고, 참여하지 않는 데는 엄청난 차이가 있습니다. 언젠가 강연에서 만난 멋진 여성이 있었어요. 제게 이런 말을 했죠. "희망이 없었다면, 나는 이겨내려 하지 않았을 것이고, 싸우지 않았다면 나는 폴 포트 정권에서 살아남지 못했을 겁니다." 그 말을 듣는데, 온몸에 전율이 일었어요. 아름다웠습니다. '희망'이 있어 실제로 몸부림을 친 덕분에 캄보디아의 제노사이드에서 살아남을 수 있었다는 증언이었으니까요. 그녀는 살아남았고, 그곳에서 탈출해 제 앞에 아름다운 모습으로 서 있었습니다.

희망은 모든 것이 괜찮다는 게 아닙니다. 희망은 낙관주의가 아니죠. 그렇다고 비관주의도 아닙니다. 희망은 이 둘 사이에 존재해요. 희망은 믿는 거예요. 그것은 알지 못함에 대한 믿음입니다. 어떤 일이 있더라도 괜찮다는 걸 받아들이는 것이죠. 바로 그 점 때문에 우리의 참여가 결과를 좌우하는 겁니다. 우리에게는 최선을 다해야 한다는 도덕적 책임이 있어요.

희망은 대세의 흐름 속에서 일어나기도, 스러지기도 했습니다. 어떻게 희망을 일굴까요?

희망이란 건 위험해요. 위태롭죠. 사랑과 같습니다. 사랑도 일종의 희망이에요. 사람들은 상처받을까 봐 두려워합니다. '날 사랑할 것이다, 우리는 연결되어 있다'고 생각하면서도 늘 위태위태하죠. 상대가 죽을 수도 있고, 다른 이에게로 떠날 수도 있어요. 희망도 위험 속에 놓여 있습니다.

하지만 반대로 사랑이 없는 곳에는 사랑이 없다는 위기가 있죠. 마찬가지로 희망이 없는 곳에는 희망이 부재한다는 위기가 있습니다. 아무것도 변하지 않을 것이라고 생각하는 그 순간에, 절망이 존재합니다. 반면 승리의 과정을 들여다보고, 비폭력적인 사회 변화가 일어났던 방식을 배우고 이해할 때, 희망은 자라나죠.

역사를 밀고 나가는 힘은 결국 개인의 마음, 더불어 살겠다는 선한 의지에 있다고 여겼습니다. 지그문트 바우만을 인터뷰했을 때, 그에게 역사의 진전에 대해 물었더니, 이렇게 답하더군요. 젊어서 진보는 곧은 막대기처럼 똑바로 나아간다고 여겼는데, 만년이 되니 추의 운동처럼 진행되더라고. 순간, 절망했습니다. 이 고단한 반복을 계속해나가야 하나 하고요. 우리에게는 여성의 권리라는 단어조차 없었어요. 그리 오래된 일도 아닙니다. 가정폭력이란 개념도 없었고, 길거리나 대학 캠퍼스에서 성폭행이 벌어진다는 인식도 없었죠. 이것들이 무엇을 말해줄까요? 우리가 암울한 좌절 속에 머물러 있지만은 않다는 겁니다. 진자의 운동은 앞으로 갔다 뒤로 갔다 하며 매번 새로운 지점을 지나갑니다. 샌프란시스코 과학관에 있는 높이 매달린 추가 이 운동을 보여줘요. 지구의 움직임이 추를 움직이게 하죠. 페미니즘은 그 추를 밀며 자리를 옮겨가고 있어요. 단 한 번도 이전과 같은 상황으로 돌아가지 않았죠. 페미니즘은 여성만을 이야기하지 않습니다. 모두가 함께 우리의 몸은 우리의 것이라고 선언하며, 모두 동등하게 대우받고, 동등하게 사회로 나아갈 수 있어야 한다고 이야기하는 것입니다.

기존의 이데올로기가 만들지 못하는 새로운 방식을 찾아내야 합니다. 추의 운동은 우리의 선택을 통해 만들어지죠.

네, 우리가 역사를 옮깁니다. 아무도 노예제를 종식시키려 싸우지 않았다면 어땠을까요? 사람들은 지구 곳곳에서 싸웠습니다. 노예제는 이제 대부분의 국가에서 불법이죠. 여성의 선거권을 쟁취하기 위해 싸우지 않았다면, 환경을 보호하기 위해 싸우지 않았다면요? 우리는 끊임없이 이 세상을 만들어왔습니다. 좀더 노력했더라면, 좀더 나은 세상이 됐겠죠. 동시에 이조차 이뤄내지 못했다면, 세상은 훨씬 더 나빠졌을 겁니다.

저는 개인에게 힘이 있다고 믿습니다.
그리고 집단도 힘이 있죠. 함께하는 힘.

어떻게 힘을 키울 수 있을까요?
정말 많은 예가 있습니다. 사람들은 월가 점령 시위가 실패했다고 말하고 싶어해요. 첫날, 둘째 날, 그리고 두 달 후…… 경찰은 저항자들을 곤봉으로 탄압하고 쫓아냈습니다. 뉴욕 주코티 공원은 그렇게 비워졌죠. 하지만 그 순간, 시위는 전 세계로 번져나갔습니다. 또 우리에게 새로운 언어를 주었죠. 학생에게 지워진 부채, 건강보험, 주택담보대출 등 삶을 파탄 내는 제도들을 다시 보게끔 했습니다. 상원의원 엘리자베스 워런, 버니 샌더스가 이 단어를 적극적으로 사용하게 되었습니다. 어제였어요. 지금도 샌프란시스코에서는 매주 점령 시위 모임이 열린다는 걸 알았습니다. 저는 2~3년 지난 다음 잊고 말았는데, 그들은 5년이 지난 지금까지도 그 모임을 이어가며 변화를 만들고 있었던 거예요.
그러니까 우리는 몰라요. 미셸 푸코는 이렇게 표현했습니다. "당신은 당신이 무엇을 하는지 안다. 그러나 당신이 하는 그 일이 무엇을 하는지는 모른다." 당신이 물에 빠진 사람을 구하고 있다고 합시다. 당신은 이 일이 어떤 결과를 불러올지 모릅니다. 당신이 구한 사람이 위대한 지도자가 될지, 도끼를 든 살인마가 될지 모른다는 거죠. 우리의 행동은 우리 자신을 초월해 있습니다. 간디의 방식이 마틴 루서 킹에게로, 아시아에서 미국으로, 다시 아랍의 봄으로, 남아프리카로, 전 세계로 이어진 것처럼요.

지금도 우리의 행동은 우리가 모르는 무언가를 키워내고 있습니다. 이 행동이 이전 세대 누군가가, 알지 못하고 실천한 용기에서 퍼진 씨앗일 수 있듯이.

●

싸울 가치가 있는 일

—

대담을 다시 정리하는 2017년 8월, 미국인들의 소셜미디어에는 2016년 12월 광화문에서 시청까지 펼쳐졌던 촛불 은하수 사진이 번지고 있다. 미국인들은 곳곳에서 한국의 촛불 시위를 기억하며 '어둠 속의 희망'을 밝힌다. 광화문에서 촛불 하나를 들고 빈자리를 채웠던 이들 가운데 얼마나 되는 이가, 자신의 촛불이 태평양 너머의 촛불을 타오르게 하리라고 기대했을까.

도널드 트럼프는 대선 레이스 내내 1980년대 레이건 시대부터 읊

어대던 고전적 선동을 반복했다. 지금도 트위터 등을 통해 혐오와 억압, 구태를 되풀이하는 중이다. 그 뼈대는 1960년대 닉슨이 백인 노동자를 상대로 유행시킨 3대 선동이다. '민권운동 덕에 사람이 된 흑인들이 일자리를 빼앗을 것이다, 페미니즘에 물든 여성이 남성의 권위를 깔아뭉갤 것이다, 반전운동의 주역들은 학력 높은 진보 엘리트 사회주의자들이니 너희를 멸시할 것이다.' 이 같은 선동은 '트럼프에 의해 흑인에게 퍼주려는 오바마케어 때문에 백인의 주머니가 털렸다, 이민자들이 일자리를 빼앗는다, 라티노는 강간범이다, 무슬림은 테러리스트다' 등으로 변주되었다. 트럼프는 백인 남성들을 향해 '하얀 미국'의 영광을 부르짖었고, 그들로부터 열렬한 환호를 받았다.

여기에 가담한 세력은 백인만이 아니다. 그 이면에는 사다리 걷어차기도 존재한다. 경제력을 갖춘 이민 1세대뿐 아니라 1.5세대, 2세대 전문직 종사자들도 끼어 있다. 상시 구조조정으로 IT 업계는 40대 경력직을 밀어낸 지 오래다. 이들의 자리는 인건비가 저렴한 무경력자, 인도, 중국, 남미 등지에서 온 고학력 이민자로 대체되고 있다. 의료계나 연구직 역시 마찬가지다. 트럼프는 과거의 영광이라는 향수를 자극했고, 미국은 뺄셈 정치를 통한 난파선 구하기를 선택했다.

선거 직후 놈 촘스키는 결과를 분석하며 '다정한 파시즘'을 이야기했다. 오래도록 끓던 분노와 두려움을 폭발시키고, 그 열기에 문제의 세력이 아닌, '약자'를 재물로 던져 넣는 카리스마 넘치는 지도자의 탄생. '다정한 파시즘'은 트럼프라는 이름으로 고삐가 풀린 것이다. 다정한 파시즘을 통해, 세계 곳곳의 분노와 두려움은 극우 세력에게 힘을 실어주고 있다.

미국 대선 레이스가 막바지로 치닫고, 트럼프가 성추행 발언으로 물의를 빚었을 때다. 아홉 살 딸아이가 텔레비전 앞에 앉아 있다 울상을 지었다. 화면 가득 여남은 소녀의 굳은 얼굴이 차례로 지나간다. 모두 거울 속 자신을 바라본다. 오디오는 트럼프의 발언을 북소리처럼 강렬하게 쏟아낸다. "못생긴 얼굴, 게으름뱅이 뚱보, 돼지 같은, 몸매가 안 되면 눈길도 안 가지……." 마지막 장면은 한 줄 자막으로 채워졌다. "이 사람이, 딸을 위해 당신이 바라던 그 대통령인가?" 힐러리 클린턴의 대선 광고다. 그리고 얼마 뒤, 여성들이 일어섰다. 알래스카에서 하와이까지 트럼프의 퇴행에 반대하는 여성 행진Women's March이 주요 도심을 메웠다. 소녀부터 할머니 페미니스트까지 역사의 진보를 되돌리지 않겠다며 나섰다. 지치지 않고 저항할 것을 약속하는 미국 인구의 약 1퍼센트, 410만 명의 행진이다.

리베카 솔닛의 당부가 귓가에 맴돈다. "희망은 모든 것이 좋아지리라는 전망이 아닙니다. 우리가 하는 행동이 '차이를 만든다'는 사실을 아는 게 바로 희망이죠. 그리고 세상에는 싸울 가치가 있는 일이 있습니다. (…) 우리는 어떤 일이 일어날지 알지 못합니다."

리베카 솔닛
Rebecca Solnit

정치·사회적 이슈에 대해 발언하고 사회운동에 참여해온 진보적 저널리스트이자 작가. 1961년 미국 코네티컷주에서 태어났다. 샌프란시스코 주립대에서 영문학을 공부한 뒤, UC버클리 저널리즘 대학원에서 석사학위를 받았다. 1980년대부터 인권운동, 기후변화 문제, 반전·반핵운동 등에 참여해왔다. 지은 책으로 『걷기의 인문학Wanderlust』 『어둠 속의 희망Hope in the Dark』 『이 폐허를 응시하라A Paradise Built in Hell』 『남자들은 자꾸 나를 가르치려 든다Men Explain Things To Me』 『여자들은 자꾸 같은 질문을 받는다The Mother of All Questions』 『멀고도 가까운 The Faraway Nearby』 등이 있다. 『그림자의 강River of Shadows』으로 전미비평가협회상, 마크린턴 역사상 등을 수상했다.

세계 지성의 계보에서 주목받는 작가로 자리 잡아가는 솔닛은 특히 페미니즘 운동에서 청년층을 비롯해 중장년 여성으로부터 적극적인 지지를 받는다. 솔닛으로 인해 전 세계적으로 유명해진 '맨스플레인mansplain'이라는 언어를 통해 수많은 여성이 자신의 경험을 증언했다. 리베카 솔닛의 언어는 일상에 스며든 남성의 차별적·폭력적 시각을 지적하려는 여성들에게 용기와 영감을 주었다. 솔닛은 자신의 역할에 대해 말하길, 글로써 사회활동을 조직하는 친구들의 정당성을 알리고, 재원을 조달한다고 했다. 사회를 변화시키려는 개인의 행동이 어디서 일어나는지, 그 근원을 탐구하고 성찰하는 작가다.

케이트 피킷
Kate Pickett

만남 2017년 1월 31일
요크대학교

2017년 1월 29일, 케이트 피킷을 만나기 위해 런던행 비행기를 타러 샌프란시스코 공항으로 향했다. 공항은 인파로 북적였다. 공항을 가득 채운 사람들에게서 결연함이 느껴졌다. 방송국 중계차들까지 진을 치고 있다. 대합실에 들어서자 온몸으로 상황이 전해졌다. 북소리가 천장을 가득 메운다. 어린아이부터 할머니까지 인종과 성별도 제각각인 500여 명이 외쳤다. "우리 모두는 무슬림이다!" 군중의 함성은 정연했다.

전날 도널드 트럼프가 첫 행정명령으로 이슬람 7개 국가 시민의 미국 여행을 제한한 조치에 대한 저항이다. 영주권을 갖고 있어도 미국 입국이 거절되는 무슬림들이 안전하게 입국할 수 있도록 연대하기 위해 그 많은 시민이 모였다. 남녀노소가 국제선의 모든 출국장을 가로

막았다. 단호한 표정으로 "막아서기를 두려워하지 말자Don't be afraid of blocking"고 외친다. 그들은 겹겹이 인간 사슬을 만들고 입국장으로 들어서는 탑승객과 승무원 들을 저지했다. 곳곳이 저항자의 벽으로 둘러쳐졌다. 한겨울인데도 땀으로 범벅이 된 승객들은 들여보내달라고 호소하지도, 투덜대지도 않고 그저 게이트 이곳저곳으로 몰려갔다. 폭력 없는 저항 속에서 공항 직원과 경찰 들도 침묵으로 자리를 지켰다. 공항 폐쇄라는 극단의 저항은 이민자인 내 불안한 미래까지 염려해주는 일이기에, 불편함으로 다가오기보다는 이런 사태를 불러온 트럼프의 분열 정치를 골몰하게 했다.

그 시각, 케이트 피킷은 요크에서 도널드 트럼프에 저항하는 대중 집회를 이끌고 있었다.

최악의 불평등 국가인 미국과 영국은 가난한 국민의 생명마저 차별한다는 비판을 받는다. 건강 불평등이다. 이들의 뒤를 바짝 쫓는 한국, 과연 우리의 몸은 안전할까? 세계를 대표하는 사회역학자이자 『평등이 답이다The Spirit Level』의 공동 저자 케이트 피킷 영국 요크대 교수와 불평등이 만드는 개인 신체의 적신호, 사회의 적신호를 이야기했다.

사회 속의 사회역학자

—

당신은 역학, 공공보건 전문가인데 왜 불평등에 대해 이야기하나요?

영국 케임브리지에서 대학을 졸업하고 대학원 공부를 하러 미국으로 갔어요. 그때만 해도 졸업하면 굶주린 아기들을 돕는 데 평생을 바치겠다고 생각했죠. 저개발 국가로 가서 아이들을 보살피고 싶었습니다. 반면에 선진국에 대해서는 그리 흥미를 느끼지 못했어요. 잘사는 나라에는 건강 문제가 별로 없다고 여겼으니까요. 현실을 깨닫는 데는 그리 오랜 시간이 걸리지 않았습니다. 부자 나라에 극심한 건강 불평등이 존재한다는 걸 알게 됐죠. 미국에서 어린이들이 영양실조로 고통받고, 어른들도 의료보험을 제공받지 못해 궁박한 상황에 처한 모습을 보았습니다. 그때 영국에서도 같은 문제가 일어나기 시작했고요. 현실에 눈을 떴어요. 문제는 아프리카나 남미에만 있는 것이 아니었습니다. 바로 제 집 대문 밖에 있었던 거예요. 세상에서 가장 부유한 나라에 말입니다. 건강을 위협하는 비참한 상황이 거기 다 있었습니다. 제 인생이 바뀌는 순간이었죠. 그래서 생각했어요. '내가 해야 할 일이 여기 있구나.'

어제 트위터에 올린 글을 봤습니다. 트럼프에게 저항하자고 독려했더군요.

어젯밤 요크 시민 2000여 명이 시내에 모였습니다. 트럼프의 여행 제재에 항의했고, 발언 요청이 와서 대중 앞에 섰어요.

뭐라고 했나요?

저는 미국에서 16년 동안 살았습니다. 제 아이들도 영국 시민이자, 미국 시민권자고요. 그렇다 보니 미국과 상당히 연결된 느낌이 있어요. 미국인은 개인적 관계에서는 굉장히 친근하고, 친절합니다. 하지만 보통의 미국인은 자신이 사는 세상 밖에 대해서 잘 알지 못해요. 우리는 무언가에 대해 모를 때 두려움에 사로잡히는데요. 어제 제 발언도 이에 관한 것이었습니다. 테리사 메이가 지난주 트럼프를 만나서 한 말이 있어요. 미국과 영국이 다시 한번 세계의 리더가 될 거라고요. 정말 걱정스러웠습니다. 이 부자 나라들은 지금도 세계를 이끌고 있어요. 어떤 부분이냐면, 세계 최악의 경제 불평등, 세계 최악의 건강 불평등, 그리고 세계 최악의 수감률입니다. 계층 이동이 꽉 막힌 나라예요. 그런데 또 무엇으로 세계의 리더가 되겠다는 겁니까. 당신 같으면 이런 걸로 1등을 하는 나라에 살고 싶을까요?

몸이 말해주는 몸 밖의 세계

—

경제 불평등이 병균보다 더 건강에 영향을 미치나요? 대중에게 친숙한 역학자의 모습은 보통 메르스 같은 전염병이 창궐할 때, 혹은 상수도가 오염됐을 때 언론에 등장하는 장면들입니다.

선진국에서는 불평등이 가장 결정적인 건강 요인이에요. 전염병 감염이나 영양 부족은 더 이상 주요인이 아니죠. 삶의 질 향상이나 복지보다는 사회적 요인이 우리 건강의 중요한 부분을 좌우합니다. 대부분의 사람이 쾌적한 생활환경 속에서 살아가니까요. 집이 춥거나 축축하지도 않고, 먹을 것도 풍부합니다. 옷도 적절하게 입을 수 있죠. 세탁기나 냉장고를 갖고 있다는 게 부유함을 뽐낼 만한 조건도 아닙니다. 기본적인 현대식 생활 요건이 충족된 물질문명 사회에 사는 사람들에게는 건강에 있어 사회적인 요소가 더 치명적인 변수로 작용합니다. 사람들과 함께하는 관계가 우리 건강에 있어 대단히 중요하죠.

요즘 청년들은 친구를 만나는 일도 뒷전으로 미룰 수밖에 없다고 하소연합니다. 직장을 구해야 하고, 먹고살 여유를 가져야 하니까요. 인간관계는 지위를 얻고 난 후 얻게 되는 부수적인 것으로 밀려났는데요.

그런 시대죠. 그럼에도 불구하고 관계 맺음의 질은 중요해요. 굉장히 중요한 실험이 하나 있었습니다. 사람들에게 감기를 유발하는 바이러스를 주사하고 그 경과를 관찰했더니, 친구가 적은 사람들이 친구가 많은 사람들에 비해 감기에 걸리는 확률이 4배나 더 높았습니다. 친구들과 어울리는 일은 정말 건강에 좋다는 것을 보여주죠.

심리적으로 그렇게 작용한다는 건가요?

네, 친구와 함께하는 이들의 면역 체계가 더 건강하다는 거죠. 또 다른 연구도 있습니다. 피실험자들에게 가벼운 찰과상을 입히고, 아무는 데 걸리는 시간을 관찰했습니다. 연인이나 배우자와 좋은 관계를 맺고 있는 사람들이 그렇지 않은 사람들보다 훨씬 더 빨리 나았어요. 죽음에 있어 어떤 요인이 주요하게 영향을 끼치는가를 살펴본 연구도 있었는데요. 상당히 장기간 진행된 연구였습니다. 여기서도 우정이 건강을 지켜주는 것으로 확인됐습니다. 우정은 인간의 삶에서 정말로 귀한 부분이죠.

우리는 관계 속에서 사니까요. 오늘날 영국인의 건강은 어떻습니까? 제가 만난 유럽 젊은이들은 불만에 차 보였습니다. 다들 브렉시트를 가리켜 멍청한 결정이라고 하더군요. 나이 든 세대를 비난하고요. 이런 갈등은 영국인들 사이에서 어떻게 나타나고 있나요?
얼마 전 『이코노미스트』가 충격적인 그래프를 내놨어요. 미국 여러 주에서 트럼프에 투표한 사람과 그렇지 않은 사람의 차이를 보여주는 그래프였죠. 건강 상태가 상대적으로 나쁜 카운티에서 훨씬 더 많은 주민이 트럼프에게 투표한 것으로 나타났습니다. 그곳 주민들은 스스로 낙오됐다 느끼는 거죠. 높은 실업률을 체감합니다. 우울감도 확실히 더 높고, 더 불안해하죠. 사람들이 몸으로 느끼는 정치를 보여주는 거예요. 그들은 자신들의 목소리가 정치에 닿지 않는다고 느낍니다. 들어주는 이가 없다고 생각하고요. 그래서 불만을 자극하는 트럼프를 통해 소리를 높였죠. 당신 말도 맞아요. 브렉시트에 투표한 이들의 양상을 보면 실제로 연령별 분리 현상이 나타납니다. 젊은 세대는 EU에 남기를 선택했고, 나이 든 세대는 떠나는 데 투표했죠.

미국은 의료보험이 사보험입니다. 개인적으로 건강보험을 들 수 있는 사람들에게는 오바마케어가 게으른 자에게 선심을 베푸는 국고 낭비라고 여겨지죠. 의료 복지를 반대하는 트럼프를 지지하고요. 영국이나 한국에서 의료는 공공 서비스입니다. 모두에게 동일한 혜택이 돌아가죠. 정치 소외나 소득 격차도 개인의 건강과 관련이 있을까요?

의료가 공공 서비스이긴 하지만, 영국과 한국의 국민 건강도 매우 불평등한 상황에 놓여 있습니다. 가난한 사람들은 덜 건강하고, 부자들은 더 건강하죠. 이런 사실은 지리적으로도 나타납니다. 런던이 자리한 남쪽 잉글랜드 사람이 북쪽 스코틀랜드 사람보다 더 건강해요. 대도시를 보면 더 뚜렷하게 나타납니다. 빈곤 지역과 부유층이 사는 지역의 기대수명 차이가 10년, 15년, 20년까지도 벌어집니다. '주빌리선 Jubilee line 기대수명 지도'라는 게 있어요. 주빌리선은 런던 지하철 노선 중 하나인데요. 당신이 켄싱턴과 첼시 같은 부촌에서 타고 다닌다면, 기대수명이 꽤 높습니다. 그러나 거주 지역이 동쪽으로 한 정거장씩 갈 때마다 기대 수명은 줄어들죠.

부자일수록 몸에 좋은 음식을 먹고, 고급 의료 시스템을 자주 이용할 수 있어서인가요?

아니에요. 주민 건강은 의료보험이 있는가, 물질적으로 더 소유했는가 와는 별 관련이 없습니다. 물론 가난한 사람들은 식생활이 그리 양호 하지 못해요. 주거 환경도 좋지 않을 거고요. 운동도 적게 하겠죠. 하 지만 이런 요인이 수명이 더 짧은 이유를 말해주지는 못합니다. 사회 심리학적인 접근이 필요하죠. 건강은 기분과 관련됩니다. 사람들과 함 께하는 활동, 사회적인 지지 등 사회에서의 위치와 연관이 있습니다.

보통은 화이트칼라나, 전문직 종사자, 중산층이 더 스트레스에 짓눌린다 고 생각합니다. 높은 위치로 갈수록 더 많은 책임이 주어지기에 과중한 스트레스에 시달린다는 거죠.
그건 거짓 신화예요. 우리는 보통 가장 높은 위치에 있는 사람이 스트 레스도 가장 많이 받을 거라고 생각합니다. 그래서 이를 '회장님 스트 레스'라고 부르기도 하죠.

드라마에서 늦은 밤 전화하다 뒷목 잡고 쓰러지는 분들을 보면 대개 회 장님, 상무님 이런 분들이죠.
바로 그겁니다. 사람들은 사장이 심장마비의 위험에 크게 노출돼 있다 고 생각하는데 오히려 그들의 스트레스는 훨씬 더 적어요. 그들은 열 심히 일하고 많은 노력을 쏟지만, 그만큼 자신들의 조건을 스스로 통 제할 수 있는 권한도 갖습니다. 업무에서 엄청난 보상도 받죠. 금전적 보상 외에도, 충분한 대우와 만족을 얻어요. 진실은 통념과는 전혀 다릅니다. 하버드대에서 이를 연구한 적이 있습니다. 관리자 직급에 오른 사람들을 조사했어요. 결과는 회사에서 출세한 사람일수록, 실제 스트레스가 더 적게 나타났습니다.

그러니까 생활의 안정성이 중요한 거군요? 자신의 생활을 스스로 계획할 수 있는.

맞아요. 그들이야말로 안정된 직업을 갖고, 생활을 스스로 영위하고 통제할 수 있죠.

몸의 반응에 대해 조금 더 설명해줄 수 있을까요? 낮은 지위에 있는 사람들이 더 많은 스트레스를 받는다고 했는데, 그렇다면 그들의 몸은 어떤 변화를 겪게 되나요?

물리적인 변화를 겪습니다. 몸에 스트레스가 쌓이죠. 우리 인간은 만성적인 스트레스를 겪으면 몸 전체의 시스템이 그 영향을 받습니다. 생식 기능, 뇌 기능, 면역 체계…… 모든 부분에서 변화가 생기죠. 물론 약간의 스트레스가 순기능을 할 때도 있어요. 위험에 처했을 때 일어나는 맞섬도피반응fight-or-flight이 대표적이죠. 만일 이 자리에 사자가 갑자기 튀어나오면 어떨까요? 스트레스가 발생하고 뇌가 긴장하면서, 소화 기관과 생식 기관으로 갈 혈류가 줄어듭니다. 모든 피가 근육으로 쏠리죠. 당신은 자신도 모르는 사이에 저 멀리 건물 밖으로 달아나 있을 거예요. 있는 힘을 다해서. 이때 받는 스트레스는 긍정적이라고 할 수 있죠. 하지만, 이런 스트레스가 늘 지속되면, 우리 몸은 급격히 노화합니다. 만성 스트레스는 비만, 심장질환, 고혈압, 생식기능장애, 만성염증 등을 유발해요.

그런데요, 인류 역사에서 불평등이 사라진 적은 없잖아요?
기록된 역사적 시간에서는 그랬죠. 하지만 농경사회 이전까지 인간의 삶은 지금과 비교해 매우 평등했습니다. 수렵과 채집으로 거둔 양식을 공평하게 나눴죠. 수백만 년을 말입니다. 그다음 약 1만2000년 전 농경을 시작했고, 사회는 점차 계급적으로 바뀌었어요. 진화의 역사에서 우리가 불평등에 놓여 있었던 시간은 그리 길지 않은 거죠. 그러니까 불평등이 인간에게 하드웨어로 내장되어 있는 건 아닙니다. 어떤 사람들은 경쟁이 인간의 본성이라고 생각해요. 요즘 이런 말을 많이 들죠. 하지만 실상은 다릅니다. 우리는 협력에 딱 맞게 맞춰져 있어요. 평등에 더 익숙하기에 사회를 창조할 수 있었고, 이를 잘 키워올 수 있었습니다.

살아남기 위해 공감해야 했고, 협력을 생존 방식으로 자연선택하게 됐고요.
네, 우리는 사회적인 동물입니다. 서로에게 반응하죠. 우리 인간은 타인이 우리 자신을 어떻게 생각하느냐를 늘 의식해왔습니다. 사회적 연결은 인간에게 있어 대단히 중요한 부분이죠.

우리 몸의 작용에서도 그 증거를 확인할 수 있나요? 예컨대 세포의 작용 방식에서라든지.
인간의 몸은 그야말로 협력 그 자체입니다. 이는 친구와의 관계가 왜 그토록 우리 면역 체계를 좌우하는가를 말해주죠.

그러니까 우리가 치타보다 더 약한 근육으로 살아남을 수 있었던 것은…….
맞아요, 서로 도왔기 때문이죠. 덩치 큰 동물을 사냥할 때 우리는 무리지어 몰이를 했습니다.

여성의 몸에 관하여

—

남성과 여성에 대해 이야기해보죠. 보통 남자들이 가장 높은 자리를 차지해왔습니다.
보통은 그렇죠. 다는 아닙니다.

아마조네스를 말하나요? (웃음)
아뇨, 그건 판타지고요. (웃음) 아프리카의 몇몇 사회에서는 여성이 좀 더 지배적인 위치에 있습니다. 이 외에도 여러 곳에 모계사회 전통이 남아 있죠.

그런데 왜 사회적으로—보통은—상위에 위치한 남성보다 여성이 더 오래 살까요? 지위가 더 안정적인 남자들이 스트레스도 여성에 비해 덜 받는다면, 기대수명에도 반영되어야 할 것 같은데요.

그렇죠, 여성이 태어날 때부터 더 건강합니다. 남자들은 질병에 더 취약하다고 여겨져요. 젊었을 때 더 많은 위험을 감수하기도 하고요. 젊은 남자들 사이에선 폭력의 비율도 매우 높게 나타납니다. 젊은 여자들에게선 드문 경우죠. 여성은 수정되는 순간부터, 생애 전반에 걸쳐 남성보다 더 건강한 경향을 보입니다.

『가디언』지에 기고한 칼럼을 봤습니다. 영국 여성들의 경제적 격차가 가파르게 증가하고 있고, 그에 따라 여성들의 건강 불평등도 심화되고 있다는 내용이었죠. 여성과 계급에 대해 이야기해보고 싶어요. 여러 문제가 서로 얽혀 있긴 한데요. 리베카 솔닛과 만났을 때, 제가 가장 취약한 여성은 결국 이민자 싱글맘이 아니겠느냐고 했더니 동의하지 않더군요.

뭐라고 하던가요?

아무리 부유한 여성이라도, 여성이기에 안전하지 못하다고요. 트럼프도 첫째 부인을 폭행했죠. 그러니 모든 여성은 취약하다는 겁니다. 모든 여성은 강간 위험에 노출되어 있고, 폭력은 여성의 지위와 부를 따지지 않는다고요.

동의합니다. 거기에 덧붙여 결혼에 있어서도 매우 흥미로운 사실이 있는데, 몇몇 연구에서 결혼은 확실히 남성의 건강에 좋다는 결과가 나왔습니다. 결혼한 남성이 가장 건강해요. 하지만 여성의 건강은 다르게 나타났죠. 혼자 사는 여성이 기혼 여성보다 더 건강했습니다. 결혼에 있어서도 '여성이기에' 불평등을 겪는 거죠.

파트너십을 갖는다는 것, 결혼생활을 영위한다는 것은 남성에게 훨씬 더 이롭습니다. 남성은 보살핌을 받고, 사랑을 받습니다. 하지만 여성에게 그리 대단한 뭔가를 해주지는 않죠. 여성은 오히려 훨씬 더 힘들어집니다. 집에서 일을 더 많이 하게 되고, 이는 밖에서 일하는 데 제약을 주죠. 아이를 키우는 데 더 많은 시간을 쏟아야 하는 등 모든 일이 스트레스를 줍니다. 어쨌든 현재까지 결혼은 '남성'에게 참 좋은 제도죠.

최근에 한국에서 커다란 이슈가 있었습니다. 보건복지부가 지역별로 가임 여성 인구를 보여주는 '가임 여성 지도'를 만들어 배포했는데요. 자료는 '그럼에도 불구하고 왜 아이를 낳지 않느냐'는 메시지를 담고 있었어요.
아이를 원하지 않는다는 거죠. 출산율이 떨어졌나요?

매우 낮습니다.
인구유지선 아래인가요?

최근에 급격히 낮아졌죠. 여성 1인당 출산율이 1.3명입니다.

선진국에서 전형적으로 나타나는 현상입니다. 여성이 더 많은 기회를 갖게 되면서 아이를 덜 낳게 되었죠. 임신을 미루기도 하고요. 그러면서 가임 시기를 지나기도 합니다.

한국의 젊은 세대가 꼽는 가장 큰 이유는 비용입니다.

그래서 한국 정부는 이에 대해 어떤 대책을 내놓고 있나요? 인센티브를 주나요?

셋째를 낳으면 양육비, 등록금 등을 지원해주죠. 하지만 셋째는커녕 둘째조차도 낳으려고 하지 않아요. 아이 한 명을 교육시키는 데 아파트 한 채 값이 든다고들 말합니다.

그건 한국에서 양육이 '실제로' 어떻게 이뤄지는가로 판단해야 한다고 봐요. 아이들이 실제 누구의 수고로 키워지는지로. 알다시피, 핀란드에서는 병원에서 임신 진단을 받자마자 정부로부터 박스를 받습니다. 종합 선물 세트예요. 태어날 아기에게 필요한 온갖 물품이 다 들어 있습니다. 그 상자는 아기의 침대가 되고요. 스코틀랜드도 이런 정책을 실행하려고 하고 있습니다. 저는 이 정책이 단지 물질적인 지원일 뿐이라고 생각하지 않아요. 국가가 말하는 방식입니다. "우리 사회는 당신의 임신을 대단히 중요하게 생각합니다"라는 표현이죠. 국가의 이런 표현 방식은 중요한 상징성을 지닙니다.

육아는 잉여 노동으로 취급받는 경우가 많습니다. 생산성을 나노 단위로 따지는 직장에서 육아휴직은 그리 반가운 일이 아니죠. 한데 지금 젊은 세대가 이전 세대처럼 집을 장만하고 아이를 키우려면, 맞벌이를 해도 이전 외벌이 세대처럼 살기가 어렵습니다.

북유럽 국가에서는 남성의 육아휴직도 잘 시행됩니다. 여성의 육아휴직은 물론이고요. 부모가 휴가를 나눠 쓰는데, 다른 나라보다 훨씬 더 적극적으로 사용합니다. 반면 미국에서는 남성의 육아휴직이 여전히 무급이죠. 저도 아이들을 미국에서 낳았는데, 낳고 얼마 안 있어 금방 일을 해야 했어요. 안 그러면 아이들을 키울 수 없었으니까요.

심지어 미국은 태아의 의료보험은 지원하지만, 산모는 민간보험을 들어야 해서 의료 사각지대에 있는 임산부도 무척 많습니다. 이런 환경 또한 사회 구성원의 건강에 영향을 미치나요?

그럼요. 우리는 임산부를 각별하게 보살피는 시스템을 원합니다. 특히 10대나 싱글맘처럼 취약한 임산부들을요. 만일 당신이 싱글맘인데 영국에 거주한다면, 당신 아이들의 건강은 양부모 슬하에 있는 아이들의 건강보다 더 좋지 않을 확률이 높습니다. 학교생활도 그리 잘해나가지 못하는 걸로 나오죠. 반면, 스웨덴은 다릅니다. 싱글맘의 아이들이나 그렇지 않은 아이들이나 차이가 없어요. 건강 상태, 학력, 범죄율 등에서 전혀 차이가 없습니다. 이혼 후 아이를 책임지는 한쪽 부모의 회사 퇴직률도 영국이나 미국에 비해 현저히 낮죠. 왜일까요? 싱글맘에 대한 다양한 지원책이 있기 때문이에요. 경제적 지원을 포함해 방과후 활동 등 여러 지원을 해주죠. 영국에는 없는 제도들이 있습니다. 미국에서는 경제활동을 하려 해도 아이를 맡길 수 있는 자원이 부족합니다. 엄마들은 아이를 돌보기 위해 직장을 그만두고, 빈곤으로 추락하게 되죠. 무엇보다 사회적인 인식에 있어 싱글맘이라는 처지가 영국이나 미국에서는 문제가 되는 반면, 스웨덴에서는 아무런 문제가 안 됩니다.

당연히 그 아이들이 커서 사회인이 될 때—10년, 15년 후가 되겠죠—범죄율은 더 낮고, 자립도, 사회 유대감 등은 다른 곳에 비해 더 안정적일 테니 그 사회가 지불하는 공적 비용도 다른 경제협력개발기구OECD 국가보다 훨씬 더 적으리라고 봅니다.
한국에도 한 부모 가정이 많이 있나요?

네, 그리고 많은 미혼모가 있어요. 임신중절을 선택할 수밖에 없는 사회적 분위기가 강하고요. 아기들이 아직도 외국으로 입양되어 나갑니다. 사람들이 여성을 비난하거든요. 10대들도 남성은 아무렇지 않지만, 여성은 사회적으로 눈총을 받죠.
항상 그렇죠. 오직 여자만……. 주목할 것은 평등한 사회에서 여성의 위치가 더 높아지는 경향이 있다는 겁니다. 핀란드, 노르웨이, 스웨덴 등 북유럽 국가에서는 더 많은 여성이 고등교육을 받아요. 교육 격차도 적고, 여성과 남성의 임금 격차도 적죠. 의회에 더 많은 여성이 진출할 수 있도록 법을 정비했습니다. 여성의 지위가 다른 나라에 비해 상당히 높은 편이죠. 평등의 가치를 중시하는 나라일수록, 모든 사람이 동등하다는 사실을 중요하게 여긴다는 점을 알 수 있습니다.

싱글맘의 안전이 왜 노인 세대나 남성들, 또 화이트칼라 노동자 등 다른 집단의 건강과 연결되어 있나요?

우리는 모두 연결되어 있으니까요. 모두 같은 조건의 영향 속에 삽니다. 사회적 요소가 같은 사회에서는 늙었건 젊었건, 남성이건 여성이건, 백인이건 소수 인종이건, 부자이건 가난하건 간에 서로 연결되어 있습니다. 사회 환경이 좋지 못하면 모두 이에 영향을 받을 수밖에 없습니다.

불평등은 최상위 계층에게도 해롭다

—

'나는 건강하니까 괜찮아. 난 보험을 많이 들었어. 그런데 왜 남을 신경써야 하지?'라고 생각하면서 복지 확대에 대해 거부감을 표하는 사람들도 있습니다.

물론 우리는 '모든 사람이 서로서로 돌봐야 하는가?'를 주제로 도덕적·윤리적인 논쟁을 할 수 있어요. 하지만 역학자로서 제가 오랜 시간 연구하고 생각하며 도달한 결론은 이겁니다. '소득 불평등이 줄어들면, 모두에게 이익이 된다.' 불평등이 줄어들면 부자에게도 훨씬 더 이로워요. 최고의 교육을 받은 엘리트들에게도 그 이득이 돌아갑니다.

그 이득이란, 건강인가요?

네, 평등한 사회에서 모두가 더 건강해집니다. 지금 저는 건강해요. 건강보험도 있죠. 하지만 저와 완전히 똑같은 조건에서 더 평등한 사회에 사는 사람보다 더 건강할 수는 없습니다. 이런 현실 때문에 불평등을 개선해야 하고, 사회의 가난을 보살펴야 하는 겁니다.

미디어뿐 아니라 시장에서도 여전히 건강을 매우 개인적인 문제로 다룹니다. 타고난 것도 있고 섭생도 다르니 건강은 스스로 책임져야 할 영역이라고 생각하죠. 제약製藥뿐 아니라 건강 산업의 시장이 나날이 커지는 이유이기도 한데요.

그렇게들 생각하죠. 하지만 건강은 타고난 것에 더하여 모든 종류의 여건에 의해서 결정됩니다. 그림으로 생각해봅시다. 사람을 가운데 두고 원을 그린다고 생각하면, 그 안쪽에는 개인이 타고난 조건들이 있어요. 유전적 요인, 성별, 인종, 그리고 당신의 행동과 생활 태도 등이 여기에 포함되죠. 그 바깥쪽으로는 가정환경, 부모의 교육 수준, 업무 환경이 포함됩니다. 이웃과 관계된 거주 환경도요. 가난의 정도 같은 사회적 불평등의 문제도 이 영역에 속합니다. 이를 건강 모델의 사회 결정성social determinants of health model이라고 부르는데요. 개인에게 미치는 모든 종류의 영향을 보여주죠. 그러니까 술을 마시고, 담배를 피우고, 운동을 하는 것 등이 건강에 있어 중요한 문제이긴 하지만 이 모든 것은 동시에 다른 요인에 의해서도 영향을 받는다는 겁니다. 건강의 구조적 결정 요인이죠. 그것은 사회가 구성된 방식에 따라 달라집니다. 우리가 속한 사회가 우리 모두의 건강에 영향을 미치는 것이죠. 불평등이 극심한 사회에 살고 있다고 생각할 때 사람들은 자신의 처지에 대해 더 불안해합니다. 사회가 양극화될수록 더 많은 문제가 발생하기 때문이죠. 생활에 대한 불안이 깊을수록, 타인이 자신을 어떻게 볼지를 더 많이 걱정합니다. 스스로의 사회적 위치와 처지에 대해 더 걱정하게 되죠. 이는 주로 세 가지 반응으로 이어집니다. 하나는 우울감이에요. 남을 잘 못 믿게 되고, 서로에 대해 덜 우호적이게 되고, 속내를 드러내길 꺼려합니다. 불안감에 휩싸여 사회로부터 떨어져 나갑니다. 그러면서, 스스로를 비하하죠. 한편으로는 이 열등감을 공격적 냉소라는 또 다른 방식으로 드러내기도 합니다. '난 그렇게 해도 돼. 나니까 괜찮아. 난 똑똑하니까, 난 다른 사람들보다 더 나으니까.' 이런 식의 자기도취, 자기과시에 빠지는 것이죠.

무리에서 떨어져 나오면서 오히려 약자에게 혐오를 드러냄으로써 자존감을 채우려는 경향이 요즘 들어 더 심해진 듯한데요. 우월감과 열등감의 뿌리는 하나라고 심리학자들은 분석합니다. 최근 들어 여론조사가 실제 선거 결과와 엇갈리는 배경에는, 속내를 드러내지 않으려는 대중심리가 있는 듯합니다. 이런 현상도 불평등이 심화된 오늘날의 경제 구도와 연결되는 게 아닐까요?

맞아요. 스스로를 남보다 더 우월하다고 여기는 나르시시즘이 커지죠. 이 경우 자기 비하 또는 자기과시로 흐를 수 있습니다. 또 다른 방식으로는 술을 많이 마신다거나, 마약류를 남용하는 일이 늘어납니다. 현실도피적인 행위죠. 그저 마음을 달래려고 과식, 도박, 충동구매를 하기도 합니다.

진화생물학자인 로버트 트리버스를 2015년 봄에 인터뷰했을 때, 아직 발표하지 않은 중요한 연구라며 당신의 연구와도 관련된 실험에 대해 들려줬습니다. 불평등이 심한 사회일수록 자기기만, 자기과시가 심하다는 사실을 드러내는 결과였어요. 북유럽은 불평등 기울기가 완만한 만큼 자기과시나 자기기만에 빠지는 경향도 완만했지만, 미국이나 영국 및 싱가포르 같은 권위주의적 사회일수록 타인에 대한 자기과시가 심하거나, 스스로의 사회적 위치를 인식하며 자기비하에 빠지는 경향이 짙었습니다.

맞아요. 하위 계층으로 갈수록 불평등으로 인해 더 많은 영향을 받죠. 상황이 더 안 좋으니까요. 하지만 상위 계층도 영향을 받기는 마찬가지입니다. 불평등이 심해질수록 공감 능력이 쇠퇴하며, 일상에서 서로 다름을 인정하는 감각도 둔해지게 됩니다. 서로 연결이 약해지는 거죠.

외부의 조건을 바꾸는 일은 너무나도 지난하니, 오히려 공부 열심히 하고, 일 열심히 해서 좀더 높은 사다리로 올라가야겠다는 해석으로 전달될 수도 있겠어요. 건강해지고 싶다면 출세해라!

하지만 출세가 그리 쉽던가요? 다들 열심히 일합니다. 가난한 사람도 정말 열심히 살아요. 그럼에도 불구하고 돌아오는 보상이 보잘것없을 뿐이죠. 우리가 진정으로 원하는 사회는 모두가 대접받는 사회 아닐까요? 극소수의 상위층만이 더 큰 가치를 느끼는 그런 사회가 아니라. 건강한 환경을 만드는 유일한 길은 우리가 만드는 정치적 기회, 우리가 선출하는 정치권력 속에 있습니다. 사회 구조를 변화시킴으로써 건강 불평등 그래프의 경사도를 완만하게 만들 수 있습니다.

그러기 위해서는 세제가 바뀌어야 할 것 같습니다. 부자 감세, 규제 완화가 불평등을 심화시켰다는 지적이 나오는 가운데, 여전히 조세제도는 정권을 위협하기도 하는 중요한 쟁점입니다.

저는 누진세를 권합니다. 모든 사람이 세금을 내면서도, 부자일수록 더 많은 부담을 지게 되기 때문에 형평성을 도모하는 최선의 길이라고 봐요. 자본을 가지고 어떻게 해서든지 부를 늘리려는 사람들의 의욕을 떨어뜨리는 효과도 있죠. 영국에서는 고소득자의 소득세 비율이 40퍼센트입니다. 스웨덴과 프랑스는 이보다 더 높죠. 많은 학자가 지금의 경기 침체를 해결하려면 최고소득자의 세율을 다시 65퍼센트까지 높여야 한다고 조언합니다. 반면에 소득이 적은 사람의 세율은 낮

취야죠.

저는 사회가 구성원에게 세 가지 기회는 제공해주길 바랍니다. 교육받을 기회, 굶어 죽지 않을 기회, 누구나 병원에 갈 수 있는 기회요.

보통교육이 주어져야 하고, 충분한 영양이 모두에게 제공되어야 하며, 보편적 의료 시스템이 갖추어져야 한다는 거죠. 그 세 가지는 바른 사회를 건설하는 기본 벽돌입니다.

그다음 우리는 만연한 물질주의를 바로잡아야 합니다. 물질주의 사회에서 사람들은 타인과 자신을 견주며 어떻게 해서든 뒤처지지 않으려 합니다. 돈이 자신의 가치를 대변한다고 생각하죠. 높은 소득이 곧 높은 지위라 여기고, 이에 자부심을 느끼며 도취되는 삶을 삽니다. 제가 최상위층을 염려하는 이유이기도 한데요.

영국과 미국에서 대기업 경영자의 보수는 하늘을 뚫고 올라가버렸어요. 어마어마하게 많은 보너스를 받아갑니다. 1970년대만 해도 미국의 거대 기업 총수가 받는 월급은 보통 사원의 평균 임금보다 20배 더 많은 정도였어요. 일반 사원이 100만 원을 벌었다면 그들은 2000만 원을 벌었죠. 하지만 지금은 300배, 400배예요. 300만 원이 평균 월급이라면, 9억, 12억씩 받는 거죠. 금융 업계에서 벌어지기 시작한 이런 격차는 전 산업 분야로 급격히 번지면서 심각한 소득 불평등을 야기했습니다.

정말 사회 구성원 전체가 건강해지기를 원한다면, 사회는 최상위 계층에 관여해야 해요. 세금을 부과하고 거둬들이기 이전 상황부터 불평등을 점검해 들어가야 합니다.

불평등은 일종의 문화가 됐습니다. 사람들은 특권을 얻기 위해 기울인 모든 노력을 돈으로 환산해서 보상받으려 하죠. 그 때문에 복지 혜택을 받는 사람은 게으름뱅이, 무능력자로 취급받습니다. 복지를 확대하면 나라 살림이 거덜난다는 염려를, 오히려 복지 사각지대에서 고통받는 이들이 하고 있습니다.

사회는 당연히 하위 계층을 보살펴야 합니다. 소득 수준 최하위 계층이 안정적인 생활을 할 수 있도록 시간당 최저임금을 생활임금 수준으로 끌어올려야 하고요. 어린이를 지원하고, 가계에 기본소득을 지원하는 것도 방법입니다. 그런 다음 이어져야 할 정책을 저는 '경제민주화'라고 부르는데요. 노동자가 회사 이사로 참여하는 겁니다. 최고위직의 임금을 결정할 때, 직원들의 의견이 반영되도록. 실제로 유럽에서는 협동조합이나 사원소유기업 들이 주주 중심으로 운영되는 기업보다 더 큰 성과를 내고 있습니다.

가령 대학총장의 임금이 투표로 결정된다면, 다들 하기 꺼려하는 기금을 마련하러 다니고, 여러 업무를 맡으니까 일반 교수보다 두 배를 더 받는 건 당연하다고 봐요. 하지만, 누군가 총장에게 10배를 더 줘야 한다고 주장한다면, 좀 생각을 해보게 되죠. 100배를 더 주자는 제안이 나오면, 저는 절대로 여기에 동의하지 않을 겁니다. 이렇듯 소득을 결정할 때도 민주주의의 원리를 끌어올 수 있다면, 우리는 좀더 합리적인 길로 나아갈 수 있을 거예요. 저는 인간 본성을 신뢰합니다.

더 많은 이에게 더 다양한 가치를

—

현재를 살면서 미래를 바꿀 수 있는 가장 효과적인 길은 교육이라고 봅니다.

네, 교육은 매우 큰 도움이 될 수 있죠. 우리는 모든 사람에게 최고의 교육을 제공하도록 교육 시스템을 구성할 수도 있고, 매우 특출한 학생 혹은 오로지 엘리트만을 위한 시스템을 만들 수도 있습니다. 영국의 교육 체제는 심하게 양극화되어 있어요. 7퍼센트의 가정만이 학비를 따로 지불하는 사립학교에 자녀를 보냅니다. 나머지는 무상인 공립학교에 보내죠. 하지만 사립학교를 나온 학생들이 압도적으로 최고의 일자리를 차지해요. 판사, 변호사, 의사 등등. 즉 교육 시스템은 또 다른 불평등을 야기할 수도 있고, 불평등을 해소할 수도 있죠.

부모들이 비싼 교육비를 내면서까지 자녀를 사립학교에 보내는 이유는 성적뿐 아니라 그곳에서 자녀가 평생 도움이 될 인맥을 만들 수 있다는 기대를 갖기 때문이기도 한데요.

그런데, 만약에 그런 사립학교가 아예 없다면요? 부자 부모들도 어쩔 수 없이 자녀를 일반 공립학교에 보낼 겁니다. 그러면 부유한 부모들의 풍부한 지원이 일반 학교에 퍼지게 되겠죠. 모든 사람이 그 이익을 공유할 수 있습니다.

핀란드는 교육을 정말로 중요하게 여겨요. 교사 월급도 유럽에서 가장 높고요. 가르치는 일이 최고의 직업으로 대우받습니다. 최고의 교사들이 아이들을 가르치고, 모든 어린이가 동일한 공교육 체계 속에 있지요. 이를 통해 핀란드 교육 수준은 크게 높아졌어요. 반면 스웨덴은 몇 년 전 프리스쿨Free School 제도를 시작하고 교육이 흔들렸습니다.

모든 비용이 무상인가요?

아니에요. 이름만 그렇게 지었을 뿐, 새로 도입한 사립학교 시스템입니다. 그 결과 스웨덴 학생들의 전체적인 학력이 떨어졌습니다. 국제학생평가PISA를 통해 나온 결과인데요. 최근에 OECD가 발표한 보고서를 보면, 스웨덴 교육은 이전 체제로 돌아가야 한다고 권고하고 있습니다.

선행학습이 과열된 사교육 경쟁을 유발한다 생각했기에, 교육심리학자 하워드 가드너를 만났을 때 이에 관해 질문을 한 적이 있어요. 하워드의 답이 예상 밖이었습니다. 모든 학생이 학년에 따라 같은 교과 수준으로 배운다는 것이 오히려 우매한 생각이라고 하더군요. 개인마다 능력이 다르기에 선행학습을 할 수 있는 학생에게는 그 기회를 주는 게 당연하다는 거죠. 그렇다면, 자녀에게 엘리트 교육을 시킬 여건이 되는 가정에서 그런 교육을 할지 말지 선택할 기회는 줘야 하지 않을까요?

사회적으로 사람들이 갖는 차이에 대해 가치를 부여하고 존중하는 자세는 필요합니다. 사람마다 재능이 다르니까요. 하지만, 지금은 그 가치가 오로지 지식적 가치에만 치중돼 있습니다.

지적 능력만이 평가하기 쉬우니까요.

그래요, 공손함을 등급 나누기란 정말 쉽지 않죠.

게다가 지능은 오직 언어 능력과 수리 능력으로만 평가됩니다.

물론 그런 능력을 갖춘 이들도 중요해요. 다만 다른 많은 능력에 비해 더 가치가 높지는 않다는 겁니다. 사람들은 뛰어남의 기준을 돈 버는 능력으로 생각해요. 사회에 정말 필요한 사람들은 다른 사람을 보살피는 능력을 가진 이들인데 말이죠. 환자를 잘 돌보는 간호사, 아이를 잘 이끌어주는 교사, 약자를 챙길 줄 아는 사회복지사처럼 진정으로 남을 보살피며 일하는 사람들이 우리 사회에는 필요합니다. 이들에게 적절하게 보상하는 방법에 대해서도 고민해야 합니다. 그들의 노고에 대해 생각하고, 그들의 노고가 얼마나 중요한지를 인지할 수 있어야 하죠. 그들이 없다면 우리 사회는 제대로 돌아갈 수 없으니까요. 교육 시스템은 공감 능력, 창의력 등의 잠재력을 이끌어낼 수 있어야 해요. 모든 사람의 잠재력이 수리 능력 하나로 획일화되어 있지 않다는 인식이 필요합니다.

진보주의자, 좌파 행동가 들도 때로 자신의 자녀 교육에 있어서는 다른 태도를 보입니다.

그들도 엘리트 교육에 비용을 쏟는다는 거죠? 그런 일이 일어나죠. 제가 시카고대에서 근무할 때예요. 시카고대 부속 학교가 있습니다. 오바마 전 대통령의 아이들이 다녔죠. 제가 살던 집에서 길만 건너면 있는 학교이기도 합니다. 시카고대 교직원은 학비의 반을 면제받았어요. 하지만 저는 아이들을 거기에 보내지 않았습니다.

왜죠?

사립학교의 교육을 신뢰하지 않으니까요. 저는 능력을 구분하지 않고 모든 학생을 포괄적으로 교육하는 공교육 시스템을 더 신뢰합니다. 그래서 제 아이들은 지역 공립학교에 다녔어요. 제 동료들 중에는 저보고 정말 나쁜 엄마라고 하는 사람도 있었답니다. 아이들에게서 최고의 기회를 박탈했다고요. 저는 아이들에게 줄 수 있는 최고의 기회란, 바로 각기 다른 배경을 가진 여러 친구와 어울리며 서로 다른 점이 무수히 많다는 걸 이해할 수 있는 시간이라고 생각합니다. 그런 게 실제 삶의 경험이죠. 엘리트 거품 속에 있는 환경이 아닌.

저는 아이들을 발도르프 유치원에 보내다가, 초등학교 시작할 때 공립학교로 옮겼습니다. 최고의 환경이라는 것이 오히려 인큐베이터를 만드는 인공적 격리라는 생각이 들었고, 매달 상당한 수업료를 낼 자신이 없기도 했습니다. 당신의 확신을 좀더 듣고 싶네요.

공동체에 장벽을 만든다면 그게 무엇이 됐건, 길게 봤을 때 우리 사회의 유대에 좋지 않다고 생각해요. 만일 우리 아이들이 매우 비싼 수업료를 내는 사립학교에 다닌다면, 자라는 내내 부잣집 아이들만 만나고 그들하고만 어울리겠죠. 부자들이 누리는 삶의 틀 속에만 있게 됩니다. 그 바깥에 있는 사람들이 어떻게 사는지 이해하지 못하게 돼요. 저는 제 아이들에게 사회의 모든 사람과 만나며 그들이 사는 삶을 함께 경험할 수 있는 기회를 주고 싶었습니다. 평생을 살아가는 데 있어 몇 조각의 지식보다 '어울려 사는 법'을 배우는 편이 훨씬 더 중요하다고 생각한 겁니다. 단순한 이유이지만, 이는 대단히 중요한 의미를 지닙니다. 삶을 속이는 모든 장애물을 제거하는 일이니까요.

세상의 문제는 과목별로 발생하지 않죠. 학습 능력을 키우는 것만큼, 아이들이 서로를 있는 그대로 존중하고 어울리는 방법을 익히는 것도 교육의 중요한 목표라고 봅니다. 그런 면에서 차이를 혐오하는 국가주의 정서가 기승을 부리는 지금의 현실에 위기의식을 느끼는데요.

네, 맞아요. 포퓰리즘적이고 국가주의적인 현상들이 실제로 나타나고 있죠. 이 두 경향은 불평등을 더욱 조장할 것으로 전망됩니다. 기울어진 사회에 살 때, 우리는 소외감에 휩싸이게 됩니다. 열등의식은 타인을 배척하게 하고, 반反이민 정서를 형성하죠. 이런 경향은 점점 더 강화되고 있습니다. 저는 불평등이 영국 사람들로 하여금 브렉시트를 결정하게 만든 하나의 원인이라고 생각합니다.

EU에서 탈퇴하기로 한 영국의 상황은 실제로 심각한데요. EU의 법률, 금융적 제재, 그리고 노동법을 상실하기 때문입니다. 고삐 풀린 규제는 사람들의 삶을 더 나쁜 방향으로 몰고 갈 거예요.

2016년 10월 『와이어드』지에 MIT 미디어랩 책임자인 조이 이토와 오바마 대통령이 나눈 인공지능에 관한 대담이 실렸는데요. 제게 흥미로웠던 부분은 이토의 우려였습니다. 그는 인공지능을 통한 산업 변화와 노동 조건보다 현재 미디어랩에서 이를 설계하는 이들의 구성을 더 우려했어요. 대부분이 중산층 출신의 공부 잘하는 백인 남성이라고 하더군요.

흥미롭군요. 그러니까 그 시스템이 디자인되면 중산층 백인 인공지능이 되겠네요. 우리는 인공지능이 우리를 위해 좋은 일을 해주길 원합니다. 우리가 원하지 않는 활동을 하기를 바라지는 않을 거예요. 이때 중요한 것은 결국 '무엇이 가치 있는가'를 결정하는 문제입니다. 그렇기 때문에 모든 결정에는 다양한 의견이 반영되어야 해요. 인공지능을 설계할 때는 여성에게서도 의견을 듣고, 소수인종의 의견도 담겨야 하죠. 우리는 거대 사회가 결정하는 여러 복합적인 사안 속에서 살 수밖에 없기에 다양한 목소리를 담아내야 합니다. 다양성의 추구야말로 사회가 가야 할 길이에요.

마지막 질문입니다. 어떤 사회가 당신이 그리는 이상적인 사회인가요?

정의로운 사회죠. 우리가 어떤 자리에 있든, 우리의 젠더가 무엇이고, 나이, 인종 또는 사회계급, 배경, 부모의 교육 수준이 어떠하든 모두가 번영을 추구함에 있어 같은 기회를 제공받는 사회입니다. 정의로운 사회는 가장 위태로운 사람들을 돌보는 사회입니다. 소수의 사람에게만 좋고, 소수의 가치만을 중요하게 여기며 보상하는 그런 곳이 되어서는 안 됩니다.

그런 사회를 평범한 개인이 만들어낼 수 있을까요?
그럼요. 우리는 정부를 선택하는 투표를 합니다. 그 정부가 정의를, 평등을 더 많이 추구하도록 행동할 수 있어요. 밑바닥에서 고통받는 사람들이 인간의 권리를 좀더 누릴 수 있도록 지켜낼 수도 있답니다. 우리가 속한 조직, 우리의 일터에서 서로 보듬으며 영향을 주고받는 거예요. 타인을 존중하고 서로의 가치를 인정하는 길 위에서.

●

여성의 위치를 돌보는 일
—

2015년 케이트는 영국 여성에 대한 새로운 통계를 발표했다. 영국에서 가장 잘사는 지역의 여성들이 그들의 가난한 자매들보다 19년이나 더 건강한 삶을 누린다는 결과였다. 영국에서 가장 가난한 지역에 사는 사람들의 기대수명은 전쟁이 삶을 파괴하는 리비아, 에티오피아, 르완다 사람들의 기대수명과 별반 다르지 않거나 그보다 더 못하다.

한국은 어떨까? 외환위기 이후 여성의 몸으로 스며든 건강 불평등은 양극화라 부를 수 있을 만큼 악화되었다. 대졸 이상 학력을 가진 여성과 최저 학력 여성의 기대수명을 비교 분석한 결과 1995년부터 2005년 사이 최대 17년 이상의 격차가 벌어지고 말았다.[1] 교육 수준, 직업 수준이 낮은 여성일수록 일찍 숨질 가능성이 크다는 것이다.

사회 안전망은 여성 비정규직 시간제 노동자에게는 제대로 작동되지 못한다. 사회적 지위가 낮은 여성일수록 비정규직으로 편입될 가능성이 높다. 이들은 비정규직 차별과 성차별이라는 이중적 차별 구조 속에서 외면받는다. 상시적인 고용 불안, 고강도 노동, 저임금 속에서 스스로의 건강을 제대로 지킬 수 없다. 건강 불평등은 대물림된다. 엄마의 사회적 지위가 낮을수록 저체중아 출산 확률이 높아졌고, 아동의 건강까지 양극화되었다. 다른 이들의 공간을 깨끗이 하고, 다른 이들의 밥상을 준비하고, 초과 노동으로 얼마 안 되는 임금이나마 불려보고자 동동거리는 사이, 정작 그들의 아이들은 스스로를 알아서 챙겨야 하는 처지로 내몰리고 있다.

2016년 정부 발표에 따르면, 한국은 전체 여성 노동자 가운데 약 40퍼센트가 비정규직이다.[2] 남성 노동자의 비정규직 비율인 25퍼센트보다 월등히 높다. 여성은 비정규직 중에서도 시간제 노동자 비율이 47퍼센트를 차지한다. 이러한 추세는 점점 더 강화되고 있다. 여기에 임금 격차 또한 심각하다. 1인 이상 사업체의 여성 월평균 임금은 남성 임금의 62퍼센트 수준이다. 정규직 임금도 남성의 64퍼센트에 그친다. 정규직 내 여남 임금 격차는 2012년 이래 계속 벌어지는 추세다.[3]

유리천장을 뚫고 지위에 오른 여성이 페미니즘을 이야기할 때면, 남성도 불평등한 경제구조 속에서 같은 고통을 받는 경우가 있다며 여성 타령하지 말라는 이들을 만나곤 한다. 그들의 지적은 방향성을 잃었다. 차이에 차별의 굴레를 씌우는 이 사회에 더 단단히 저항하기 위해서는 우선 여성과 연대를 모색해야 한다. 우리는 이중의 불평등에 노출된 여성의 건강이 고스란히 다음 세대 딸, 아들의 건강으로 이어지는 악순환 속에 있다. 여성의 위치를 돌보는 일이 곧 불평등의 전면화를 막는 첫걸음인 것이다.

케이트 피킷
Kate Pickett

영국 요크대학교 사회역학과 교수이자 사회경제적 불평등이 국민 건강에 미치는 영향을 밝혀 제도 개선을 이끄는 정책가. 1965년 영국에서 태어났다. 케임브리지대에서 형질인류학을, 코넬대에서 영양학을, UC버클리에서 사회역학을 공부했고 시카고대에서 강의했다. 2007년부터 2012년까지 영국 보건연구원 선임연구원으로 참여했으며, 영국 왕립학회, 영국 공중보건기구 회원으로 있다.

사회계급, 소득 불평등, 거주 지역 내 인종 밀집 현황에 따른 기대수명, 이동성, 10대 출산, 비만, 유아돌연사증후군 등의 역학적 원인을 규명하면서, 사회역학 분야뿐 아니라 정치, 경제 분야로 활동 영역을 확대해왔다. 피킷이 몸담은 자본주의 대안 기구들의 면면은, 현재 그가 집중하는 문제들이 무엇인지를 보여준다. 피킷은 불평등 감시 과학위원회, 진보 경제 위원회, 새로운 경제적 사고를 위한 기관, 지속성과 번영을 위한 연합, 요크 평등위원회와 생활임금위원회 등에서 활동 중이다.

2009년 남편이자 동료인 리처드 윌킨슨과 함께 『평등이 답이다』를 발표해 세계의 주목을 받았다. 책에서 피킷은 사회정의가 어떻게 개인의 건강을 좌우하는지를 조명하며 우리에게 필요한 정책의 방향성을 제시하고 대중의 사회 참여를 유도했다. 같은 해 리처드 윌킨슨, 빌 케리와 함께 신자유주의에서 심화되는 불평등을 통제하고자 공익 재단 이퀄리티트러스트The Equality Trust를 창립한다. 이퀄리티트러스트는 지속 가능한 성장과 평등을 위한 연구들을 지원하고 모든 정보를 일반에 공개하고 있다. 2013년 평등 수호를 위한 연대로부터 실버로즈상을, 2014년 아일랜드 암 학회로부터 찰스컬리 기념 메달을 수상했다.

에바 일루즈

Eva Illouz

 사랑이란 키워드를 주제로 쏟아지는 무수한 스토리와 조언은 개인
에게 스스로의 욕구를 다스리며 상대와 만날 수 있는 조건을 갖추자
고 다독인다. 심리 조절과 개인의 책임감을 독려하는 처방들이다. 그
러나 이와 별개로 사랑의 조건을 마련하는 데 걸림돌로 박힌 세상의
구조물들은 존재한다. 사회학자 에바 일루즈는 감정 역시 사회를 반
영하기에 공적 영역에서 작동한다고 말해왔다. 그와 함께 사랑의 골
조를 변형시키는 사회경제적인 힘을 살펴보고자 한다. 자본주의 사회
에서 사랑은 오로지 개인적인 일로, 심리학적 문제로만 해석된다. 일
루즈는 이런 흐름 속에서 개인의 사랑과 고독, 불안에 대해 사회학적
으로 접근하자고 말해왔다. 그와 함께 더는 사적일 수 없는 우리 삶의
면면을 이야기해본다.

서울에 머물던 2016년 1월 초 이스라엘 헤브루대학, 에바 일루즈의 이메일 주소로 장문의 편지를 보냈다. 이틀 후 답장이 왔다. "Dear, Mr. Heekyung Ahn"으로 시작된 편지는 2월에 파리와 독일에 있을 예정이니, 그곳에서 보자는 내용을 담고 있었다. 파리에서 만나자는 답을 보내며, 나는 사족을 달았다. "추신. 저는 두 아이의 엄마입니다." 채팅처럼 답이 왔다. "젠더를 헷갈려 미안합니다! 당연히 오직 여성만이 다른 여성에게 관심을 갖고 있지요. :-)"

2월 3일 파리에 있는 카페 르 돔, 비가 흩뿌리며 어둠이 스며들 무렵 에바 일루즈와 마주했다. 프랑스 사회과학고등연구원 책임자로 있던 그와 퇴근 후 가진 만남이다. 인터뷰에 앞서 에바는 붉은 립스틱을 덧바르고, 단정한 선으로 아이라인을 매만졌다. 일상을 나와 사회의 마음을 논하기 시작하자, 그는 티캔들에 데워지던 홍차 주전자가 차게 식어버릴 때까지 30여 년간 관찰해온 세상의 흐름에 대해 이야기를 쏟아냈다.

●

자본주의와 사랑의 불안
—

우리는 사랑을 믿을 수 있을까요? 모든 것이 급속도로 바뀌고 있습니다. 조금 다르게 접근해볼까요? '우리에게 사랑을 발견하고 유지할 문화적

자원이 있는가.' 사랑, 영화나 소설이 우리에게 반복적으로 던져주는 낭만적 사랑 말입니다. 저는 없다고 생각해요.

슬프네요.

집단의 역량을 잃었기 때문이에요. 한 사람에게 집중하는 능력 말입니다. 많은 성적 선택이 가능해진 오늘날엔 감성적으로 한 사람에게 몰두하기가 훨씬 더 힘들어졌습니다. 결혼 전에도, 결혼 중에도요.

다른 한 가지 배경은 평등입니다. 저는 평등이 남자와 여자의 관계를 훨씬 더 복잡하게 만들었다고 생각해요. 평등은 두 사람 사이에 일종의 조화를 요구합니다. 하지만, 당신이 매우 견고한 젠더 역할로 구성된 가정 속에 있다면, 평등은 필요하지 않죠. 물론 한쪽 젠더가 다른쪽 젠더의 보살핌으로부터 이익을 얻습니다. 가정 내에서 역할 분배가 확실하니까요. 반면 동등한 관계라면, 훨씬 더 많은 양보와 조율이 필요해집니다. 서로 봐주는 일이 줄어드니까요. 성적 선택의 기회가 더 다양해진 지금은, 평등이 더 복잡하게 진행됩니다. 우리에게는 언제라도 관계를 깰 수 있다는 선택의 자유가 있습니다. 관계의 안정성은 그만큼 줄어들죠. 양성애든 동성애든 계약을 요구하는 경향이 강해지는 것도 그 영향입니다.

성적 선택의 기회 말인데요, 인간의 역사에서 남성은 상대적으로 여성보다 더 자유로운 성적 선택을 해왔다고 봅니다. 여성은 감정적으로나 문화적으로 남성에게 귀속되어왔고요.

인간에겐 여러 종류의 사회가 있었죠. 많은 사회에서 여성이 남성을 선택할 여지는 크지 않았습니다. 이는 생물학적 특성 때문이기도 해요. 여성은 아이를 낳을 수 있죠. 우리는 아이를 낳고 기르는 데 도움이 될 남성을 원해왔어요. 가족은 그렇게 형성되어왔습니다. 그렇다고 해서 이것이 남자와 여자의 성적 갈망을 전부 설명할 수 있다고 보지는 않아요. 인간의 본성은 복잡하지 않지만, 문화의 양상은 인간에게 다양한 성적 자유를 허락했거든요. 19세기에 미국에서 남성은 합법적으로 혼외관계를 맺을 수 있었어요. 여성에게는 허용되지 않았고요. 하지만, 프랑스는 다릅니다. 결혼생활이 원만하지 않을 경우 남자나 여자나 밖에서 파트너를 찾는 것이 합법이었습니다. 이혼할 수 없었으니까요. 이런 차이는 사회마다 여성의 성적 선택에 대한 규범이 어떻게 다른지를 보여주죠. 프랑스 귀족사회는 결혼한 여성의 혼외관계에 비교적 관대했지만, 미국 기독교 사회는 이를 덜 용인하거나, 아예 받아들이지 않았죠.

경제적인 위치에 따라서도 선택의 폭이 달라집니다. 사회적으로 성공한 위치에 있으면 기회는 많아지죠. 관계 맺기도 시장 논리 속으로 들어왔습니다.

그래요. 21세기에 들어 소비주의 문화가 팽배해졌고, 견고해졌습니다. 가난한 젊은 남성에게 새로운 시대의 데이트 코스는 부담스러운 것이 됐죠.

그래서인지 젊은 여성을 비난하는 풍조도 나오고요.
특히 산업화 국가에서 여성의 상승 욕구가 도드라집니다. 보통 자신들과 같은 사회계급에 속하거나 혹은 더 높은 계급의 남성을 선택하죠. 이미 여성들도 구직 시장으로 들어왔고, 남성보다 더 오래 공부합니다. 세계적으로 남성보다 더 많은 여성이 고등학교를 졸업하고, 대학에도 더 많이 가요. 하지만, 사람들은 이 현상을 인정하려 들지 않습니다. 남성은 여성이 자기보다 더 높은 위치에 있는 것을 못마땅해하고, 여성 역시 될 수 있으면 남성보다 더 높은 위치에 있지 않으려고 하죠. 모순인 거죠. 결혼 시장은 전통적인 젠더 역할로 움직이고 있거든요. 그럼 남성이 여성보다 더 벌어야 하는데, 현실은 아닙니다. 이 모순이 커플의 로맨스에 긴장감을 유발합니다. 실제 연구 결과, 여성이 남성보다 소득이 더 높은 경우, 이혼 가능성이 20퍼센트 더 높게 나왔어요.

주도권 때문인가요? 자본주의 사회에서 가정의 평화가 남성의 성기로 유지되는 건 아니죠. 그렇다고 돈에 성별이 있는 것도 아니고요.
젠더 역할 때문입니다. 남성과 여성 모두 받아들이기 매우 어려워합니다. 보통 여성들이 집안일을 할 거예요. 그런데다 여성이 돈도 더 많이 벌면, 결혼을 통해 얻는 이점이 줄어들죠. 제 말은 많은 여성이 아직도 결혼을 하는 이유 가운데 중요한 요인이 혼자 벌어 스스로를 책임지는 데 대해 불안감을 가지기 때문이라는 겁니다. 만일 그런 불안을 갖고 출발한 여성이 남성보다 더 많이 번다면, 독립적인 기분이 들겠죠. '결혼해서 좋은 점이 뭐가 있지?' 생각했을 때, 남아 있을 이유가 줄어듭니다. 경제적 안정이라는 주된 이유가 힘을 쓰지 못하죠.

또 다른 주된 이유는 바로 감정적인 평온인데요. 여성의 독립성이 강해질수록, 남성은 감정 표현에 소극적이 되고, 여성도 남성으로부터 감정적인 편안함을 덜 느끼게 됩니다. 더 이상 결혼에 머물 이유가 사라지는 거죠.

사회는 자본주의 체제로 변했고 여성의 고용도 늘어난 반면, 가정 문화는 남성 중심의 가부장적 질서에 머물러 있다는 건데요. 자칫 경제력 있는 여성이 더는 슈퍼우먼이길 거부하기에 이혼율이 높아지는 걸로 보일 수도 있을 것 같습니다.

자본주의 자체가 파괴적인 권력입니다. 가정을 파괴했고, 공동체를 파괴했어요. 남성이나 여성이나 회사에 모든 것을 바치도록 요구합니다. 여성도 야망을 갖고 성취하라고 강요하고, 남성성을 갖도록 만들었죠. 20세기에 남성들은 성공하고 싶으면 반드시 일을 최우선으로 삼고 직장이 가장 중요하다는 헌신적 이미지를 보여야 했습니다. 지금은 여성도 같은 상황이죠. 남성보다 더 잘한다는 이미지를 심어줘야 하고, 일을 최우선으로 삼는 생활 태도를 갖춰야 합니다. 많은 회사가 임신한 여성을 고용하지 않고, 임신하고 싶어하는 여성도 꺼립니다. 아이를 많이 낳으려는 생각을 못 하도록 만들어요. 칼같이 퇴근하면 회사에 전념하지 않는다고 평가하죠. 그래서 모순이라는 겁니다. 회사와 가정이 양립할 수 없는 모순관계에 있죠.

돈도 벌고 가정도 이루고 싶다면, 두 번째 모순에 빠지게 됩니다. 일터에서는 젠더 구분을 약화하려 하는 반면에, 로맨틱한 사랑과 가족 구조는 아직도 강한 젠더 정체성 위에 있어요. 남자는 꽃을 가져와야 하고, 데이트 비용을 내야 하고, 여성을 위해 차 문을 열어줘야 하죠. 전통적인 성역할입니다. 하지만 직장은 매우 비전통적이죠. 전통을 파괴하고, 여성 남성 구분을 파괴합니다. 가정 문화와 경제 문화 사이에서 발생하는 두 번째 모순입니다.

기업도 가부장적인 문화가 짙죠. 여성 인력은 훨씬 더 소모적으로 이용되고요. 여성이나 남성이나 누구든 기량을 발휘하도록 하는 편이 더 생산적일 텐데, 현실에서는 남자들이 위에서 조종합니다. 실수했을 때 이를 처리하는 방식도 다르고요. 여성은 징계를 받고, 다시 일로써 만회하려고 하는 반면, 남성은 남성 상사와의 관계 속에서 징계를 가볍게 넘기려 합니다.

남자들의 네트워크는 매우 강력하죠. 남자들이 실수하면 쉽게 넘어가요. 빗자루로 쓸어 담듯 살살 치워버리면 쉽게 없던 일이 됩니다.

남성(성)의 세계

—

자본주의와 남성 지배 사이에는 어떤 연결 고리가 있을까요?

기업 문화가 안 바뀌는 것은 자산에 대한 통제권 때문이에요. 아직 부의 대부분을 남성이 소유하고 있습니다. 지난 20년 동안 지구의 부는 엄청나게 증가했어요. 이 기간에 증가한 대부분의 돈은 과거에는 일반적이지 않았던 방식으로 축적됐고, 놀랍도록 빠른 속도로 증가했습니다. 남성에 의해 폭발적으로 늘었죠. 바로 금융이라는 새로운 방식을 통해서입니다. 현재 인류가 가진 부의 95퍼센트는 남성의 소유이고, 지난 20년 동안 그들이 투자라는 명목으로 세상을 '경영'하면서 쌓아올린 겁니다. 그만큼 금융 차원에서 남성의 권력이 증가했죠. 여성들이 법정에서 승리를 쟁취해오던 사이에 말입니다. 성폭력에 맞서고, 대표성을 나눠 갖기 위해 연대하고, 동등한 권리를 찾으려고 온몸으로 투쟁하던 그 시간 동안 남성은 또 다른 엄청난 부를 성취한 겁니다. 그러니까 우리 여성들이 거둔 성취는 진정한 성취가 아닌 거죠. 같은 기간 남성이 훨씬 더 많은 권력을 획득했습니다. 출발 지점이 달랐으니까요. 80년 전부터 자본주의 산업은 전적으로 남성이 좌지우지해왔습니다. 거기에 자본의 구조는 금융자본으로 진화했고, 남자의 돈과 자산의 가치가 더 커지는 재생산이 진행된 거죠. 금융자본은 대부분 남성이 주도하는 전문직 분야에서 관리되고 움직입니다.

한국이나 미국에서 의회에 진출한 여성 의원의 비율은 비슷합니다. 20퍼센트 정도인데요. 경제계는 이보다 훨씬 더 낮더군요. S&P 500개 기업 가운데, 여성 최고경영자의 비율은 5퍼센트에 불과했습니다. 게다가 금융업은 IT 산업과 결합되어 점점 더 남성 지배적인 권력이 되어가고 있고요.

물론이죠. 기술과 금융은 전통적으로 남성이 지배해온 산업 분야입니다. 남성이 꽉 틀어쥐고 있고, 여성은 아직까지 주도적인 위치에 진입하지 못했어요. 최고경영자는 말할 것도 없고, 중요한 결정권을 행사하는 집단에서도 그렇습니다.

지금의 세상을 금융 권력에 의해 지배되는 금융자본주의라고 정의하나요?

지난 30년간 자본주의는 국경이라는 장벽을 없애며 자본을 더 빠르게 이동시키도록 질주해왔어요. 더 공고해졌고요. 오늘날 대부분의 기업은 제품을 생산하는 동시에 돈을 투자하는 금융업을 병행합니다. 자동차를 생산하는 기업들이 다른 이름으로 투자 회사를 만들어 운영하죠. 오늘날 기업을 하려면 어딘가에 금융 관련 포트폴리오가 있어야 합니다. 그리고, 이 게임에서 여성은 지금까지 배제되어왔습니다.

자본 소유에서 성평등의 균형을 찾아가려면, 여성이 동등한 출발선까지 가기까지는 아득해 보입니다. 선거권을 쟁취하고 겨우 100년 만에 이만큼을 이룩했다고 스스로 격려하며 나아간다 해도, 몇 세기는 족히 걸릴 듯한데요. 자본주의, 지속 가능하다고 여기나요?

자본주의에 대해 시장과 민주주의로 말하는 것이라면 우리가 당장 목격하며 의문을 갖는 여러 장면이 답을 주고 있죠. '왜 이토록 많은 극우 정당과 함께 살아야 하는가?' '트럼프를 위시한 이들은 왜 그토록 강력한가?' 바로 자본주의가 실패하고 있기 때문이에요.

시장과 민주주의는 함께하기 어렵습니다. 트럼프는 엘리트 자유주의자들로부터 권력을 가져와 노동자들에게 주겠다고 하지만, 결국은 권위주의적인 자본주의로 옮겨갈 겁니다. 지금까지는 민주주의적인 요소가 어느 정도 가미된 자본주의였다고 하면, 이제 미국의 자본주의는 과격하고, 더 거친 적자생존 시장으로 갈 겁니다. 중국, 러시아, 싱가포르 모델 같은 권위적인 아시아 정부를 모방하고 있어요. 그와 유사한 조짐이 세계 여러 나라에서 관측되고 있죠.

모순은 시장 권력의 화신이자 노동자의 생활을 파괴해온 트럼프에게 노동계급이 표를 줬다는 거예요. 트럼프는 극우 포퓰리스트입니다. 세계화로 인한 불평등을 자유주의 엘리트 탓으로 돌리고, 그들의 권력을 빼앗아 소외 집단에 주겠다고 선동하는 극우 포퓰리즘의 대표 주자죠. 실제로 이들이 하려는 것은 부자에게 권력을 몰아주는 겁니다. 4, 5년 후면 더 많은 실업이 발생할 거예요. 트럼프 정부는 부자에게 더 낮은 세금을 매기고 이미 부자인 이들을 더 부자로 만들 겁니다.

트럼프를 맞이하고 처음 항거한 집단은 여성이었습니다. 당신이 사랑과 결혼, 감정 문제를 자본주의 기업이 선도한 모순으로 이야기하기 전에 저는 여성의 대항이 일종의 문화 전쟁이라고 생각했습니다. 하지만 지금은 정치·경제적 시스템과의 전쟁으로 다가옵니다. 『사랑은 왜 아픈가』에서 당신은 자본주의 기업 논리가 사랑이라는 사적 관계에 들어와 있다고 설명했는데요. 사실 사랑의 상징으로 표현되는 가정조차 힘의 논리로 움직일 때가 많습니다. 가족이라는 명분을 내세워 강자가 약자를 억압하는 일이 저질러지고요.

트럼프는 우연히 등장한 게 아닙니다. 여성, 동성애자, 다문화주의를 주장하는 이들이 싸워 이룬 성취에 대한 반작용입니다. 지금까지 진행돼온 거대한 공감, 투쟁, 축제에 등 돌리던 이들이 만들어낸 반동 현상이죠. 흥미로운 점은 우리 눈앞에서 트럼프 같은 이들이 동맹을 맺는 모습이 펼쳐진다는 겁니다. 푸틴, 트럼프 이 둘은 매우 마초적인 유형으로 여성에 대해 쌍둥이 같은 태도를 보여요. 둘 다 국제 무대에 올라 있는 아름다운 여성들과 함께하고, 공격적인 성향을 띠며, 전통적인 남성성을 과시하고, 힘의 언어만을 사용합니다. 우리가 이미 끝장났다고 생각한 남성 유형이었는데, 이들이 다시 부활한 거죠.

한국은 정치인들이 여성 표를 의식해 페미니즘을 부르짖고, 출산율을 높이는 정책을 내고 있습니다. 남성 육아휴직도 강조하는데, 환영받지 못하고 있어요. 정시 퇴근도 힘든데, 누가 아이를 보겠다고 휴직계까지 내냐고요.

남자들이 육아휴직을 낸다. 이는 회사에 두 가지 메시지를 보내는 겁니다. 하나는 가정이 회사보다 더 중요하다는 것. 그리고 자신이 진짜 남자가 아니라는 것. 자신의 환경과 주변 여성을 휘어잡지 못하고 휩쓸리고 있다는 표시죠. 남성적 사회에서 남자가 위협받는 순간은 여성화될 때입니다. 아이를 돌본다는 것은 스스로 여성적 역할에 발을 들인다는 뜻이죠. 성공하겠다는 야망이 없음을 알리는 거예요. 그러나, 이게 바로 우리가 만들어내야 할 새로운 남성성의 표준입니다. 베를린을 볼까요. 이미 많은 남성이 가정과 일을 병행하는 본보기를 보여주고 있어요. 베를린은 지금 아티스트의 도시, 작가들의 도시인데, 자본주의 기업도 예술가들의 감성이 살아 있는 문화에 적응하고 있습니다.

그들은 어떻게 변화를 이뤄냈나요?

변화는 기업이 만들어야 해요. 사회 구성원으로서 기업도 공공의 자원을 이용하는 값을 지불해야 하니까요. 개인들은 자본가에게 싸움을 걸고, 발언해야 합니다. "당신들은 지금 가정을 파괴하고 있다. 부부의 보살핌을 불가능하게 하고, 법으로 보장해야 할 규범을 마련하지 않는다. 그럼으로써 집으로 돌아가 아이를 돌볼 부모의 의무에 동의하지 않고, 가정의 평화를 막고 있다." 이 점을 계속 알려줘야 합니다.

정치 공학의 해법은 단순합니다. 더 긴 여성 육아휴직을 보장하면, 여성들이 행복해할 것이다. 하지만, 여성도 일에 대한 성취욕이 있거든요. 육아휴직은 여성에게도 출세를 포기한다는 메시지로 전달되죠.

맞아요. 답은 단순합니다. 어린이를 돌보는 훌륭한 공공기관을 만들면 돼요. 프랑스에서는 엄격하게 선발된 교사들이 한 명당 네다섯 명의 아이를 돌봅니다. 여성들이 아이를 맡기고 든든한 마음으로 일하러 가죠. 엄마가 아이를 돌보지 않고 방치한다는 시선 따위는 받을 염려 없이 운영돼요. 사회적 기준을 바꾸는 거죠. 제도를 갖추고, 국가와 기업이 함께 어린이를 위한 최상의 돌봄 시스템을 만들어내야 합니다. 그러면 여성들은 빠르게 일터로 복귀할 수 있어요.

사회적 욕망을 추구하면서 굳이 사적 욕망을 뒤로 미룰 필요가 없겠군요. 결국, 국가의 역할이네요.
그럼요. 반드시 국가와 기업 양쪽의 협력이 있어야 합니다. 오늘날 더 많은 기업이 보육 시설을 갖추고 있어요. 부모들이 커피 마실 시간이나 점심시간에 아이들과 시간을 보내죠.

복지에 대해서는 많은 논쟁이 있습니다. 조세 정책처럼 보수와 진보를 나누는 잣대로 시각 차이가 크죠. 왜 우리가 낸 세금을 여자들이 아이 돌보는 데 써야 하냐는 불만도 있고요.
사회 전체가 이혼율을 낮추고, 여성이 아이를 갖도록 관심을 가져야 합니다. 많은 국가가 여성이 아이 낳기를 거부하고, 사회가 노령화되고, 나이 든 세대의 연금을 지급할 경제활동인구가 부족해 위기를 맞고 있습니다. 경제를 지탱하기조차 어려운 실정이에요. 간단합니다. 인구가 없으면 경제도 없어요. 사회의 재생산에는 반드시 출산이 필요합니다.

UN 「미래 보고서 2040」은 인구 감소가 시작된 선진국에서 예외 없이 국력 감소가 나타났다고 경고했습니다. 보수적인 남성들은 여성에게 어서 집으로 돌아가라고 하죠.

화가 나는군요. 여성은 집으로 돌아가지 않을 거예요. 잊어버리라고 하세요. 40년 전까지만 해도, 한 남성이 일을 하면 그 수입으로 가정이 충분히 먹고살았어요. 그렇지만 이젠 아니죠. 더는 가능하지 않아요. 중산층이 부모 세대의 중산층처럼 살려면 두 명이 벌어야 합니다. 출산율을 높이기 위해 여성은 가정에 있어야 한다? 집으로 가라? 세상 변한 줄 모르는 바보란 걸 자백하는 겁니다.

사랑할 역량을 키운다는 것

—

관계 또한 변했죠. 이제 사랑마저 거부하는 이들이 늘어갑니다. 관계를 유지하는 일은 왜 그리 어려운가요?

더 이상 성적으로 만족하지 않으면 관계를 끝내죠. 서로 바라보기를 그만둡니다. 다른 상대를 찾기 시작하죠. 2, 3년이 지나면 흥분은 줄어듭니다. 알다시피 성적 매력은 점점 시들해지죠.

그런데요. 성적 관계의 의미를 정의하자면, 이는 충실함이에요. 우리

121

는 서로 충실하기를 원합니다. 그럼에도 현대사회는 충실함이 구식이라며 이를 내팽개쳐요. 이게 하나의 원인입니다. 두 번째는 페미니즘이 남성과 여성 모두에게 평등할 것을 요구하고 있다는 겁니다. 많은 남성과 여성은 평등의 가치를 염두에 두려고 하죠. 하지만, 매일의 삶 속에서 어떻게 그 가치에 도달해야 할지는 막막해해요. 소비사회에 물들어 있으니까요. 사람들은 자신의 요구부터 챙기는 데 급급합니다. 상대가 내 요구를 채워주는지 여부에 민감하죠. '너에게 나를 완전히 바치겠다'는 식의 19세기 모델과는 딴판인 겁니다. 소비 문화는 우리를 자기중심적으로, 쾌락적 존재로 만들었어요. 뭔가 어렵거나 아프다고 느끼면, 그 쾌락이 부서지니 당황합니다. 소비자로서 누리던 그 익숙한 만족이 아니니까요.

사랑을 성공적으로 만들어갈 방법이 있을까요?

제가 심리학자라면 사랑에 성공하기 위해 무엇을 해야 할지 말하겠죠. 하지만 저는 심리학자가 아닙니다. 저는 사회학자예요. 답보다는 현상을 설명하는 사람입니다.

자유를 원하는 상대의 요구에 참을성을 가지자고 말하고 싶어요. 우리가 목도하는 사실들, 이를 인식하는 우리의 현실 감각과 판단에 좀 더 집중하자고요. 사랑을 가지고, 오늘날의 사회구조에서 벌어지는 실상을 분석하며 받아들이도록 노력해야죠.

개인은 두 가치를 존중하며 행동해야 합니다. 하나는 자유이고, 다른 하나는 한 번에 한 사람과 나누는 사랑이죠. 독점적 연인관계 말입니다. 이 두 가치는 때로 충돌하고 불화합니다. 그러나 관계를 위대하게 만들 수 있는 한 가지 방법이 있습니다. 둘이 함께 묶여 있다는 감각, 서로의 서약을 기억하는 감각을 잃지 않는 겁니다. 서약으로 돌아오는 자세를 잃지 않는 것이죠.

오늘날의 기업을 보세요. 기업은 사용자와 노동자가 서로를 위해 복무하겠다는 서약을 해지하려고 하고 있습니다. 충실함을 저버리고 있죠. 결국 양쪽 모두 느슨해졌습니다. 타인과의 관계도 그렇습니다. 귀속감을 느끼기보다는 어느 한쪽이 돌아서기 전까지만 이어지는 관계가 돼버렸죠. 그저 원할 때까지만 함께할 수 있을 따름입니다.

네, 기업도 개인도 텍스트 메시지로 안녕을 고합니다.

맞아요. 이는 약속의 의미를 다시 생각하게 합니다. 기준, 규범에 대해 질문하게 하죠. 어떤 면에서 이 두 가지는 모순된다고 할 수 있습니다. 자유를 향한 상대의 뜻을 존중해야 하면서도, 묶여 있다는 서약의 의미를 기억해야 하니까요. 그러니까 함께한다는 것의 의미를 깊이 이해해야 합니다. 진정으로 이해하려고 노력해야죠. 무엇이 서로를 하나로 묶고 있는지를.

자유와 안정성이 충돌할 때 이 둘을 어떻게 조화시킬 것인가의 문제인데요. 많은 청년이 경제적 독립 때문에 가정을 꾸리기를 포기합니다.

산업자본주의가 일어나면서 핵가족이 되었어요. 이는 공업단지 형성에 매우 지대한 역할을 했죠. 자본주의는 거기서 더 진화했고, 이제는 가족조차 거추장스러워합니다. 금융자본주의 시대, 자본이 이동하고 시장이 원하는 유연성에 대처하는 데 가족은 짐인 거죠. 사랑이 무르익을 수 있었던 보호 장치들이 무너졌어요. 우리는 이를 애도해야 할까요? 누군가를 정성껏 보살피며 사는 생활을 포기한다는 생각은 도덕적으로나 문화적으로 끔찍한 상실이 될 겁니다. 저는 타인의 욕망과 요구를 일상적으로 보살피는 일, 그런 열정이 함께하지 않는 삶을 상상할 수가 없습니다.

또 하나, 자유에 대한 급진적인 생각도 그 배경입니다. 과거에는 이혼 없는 결혼생활이 있었어요. 지옥 같더라도 그것이 안전을 제공하는 확실한 구조물이긴 했습니다. 반면에 오늘날에는 자유가 늘어난 만큼 사람들은 미래를 신뢰하는 데 어려움을 겪죠. 심지어 스스로를 믿는 것조차 버거워합니다. 우리는 각자의 기분과 욕망에 의존해서 결혼하는데, 기분과 욕망이란 휘발성이 매우 강하고, 때때로 변하죠. 우리는 우리 기분이 20년 뒤에 어떻게 변할지 알 수 없습니다. 제 생각에, 청년들의 삶의 바탕에는 불확실성이 있는 것 같아요.

혼밥, 혼술, 혼행을 강요하는 자본주의입니다. 1인가족 시대라고 문화 현상처럼 이야기하지만, 그 뒤에는 홀로 챙기며 살 수밖에 없도록 내몰린 노동의 서글픔이 있습니다. 누군가를 사랑할 의욕을 잃은 청년들에게 그래도 조언을 한다면요.

세상은 누군가와 함께 맞서 헤쳐나갈 때 더 든든합니다. 현대는 우리 삶 곳곳에 불확실성과 불안을 심어놨어요. 일상의 선택을 요동치게 하죠. 그럼에도 흔들리는 현실은 우리가 살아가야 하는 길이자 극복해나가야 할 길입니다. 그 길에서 타인을 신뢰하고, 타인으로부터 신뢰받을 수 있는 조건을 창조하라고 권하고 싶어요. 지루함, 성가심, 귀찮음을 지탱할 수 있는 성격을 만들어가는 것, 가정이 내게 바라는 바를 이해하는 사랑. 이런 것들이 떠나지 않을 역량, 머물 수 있는 능력이 되어주죠. 지루하더라도, 뭔가 밖에 더 좋은 일이 기다리고 있다고 해도 가족과 머물겠다는 마음의 근육 말입니다.

이렇게 가족의 의미를 생각할 때, 새로운 형식의 강한 결합도 상상할 수 있다고 봅니다. 성적인 것뿐 아니라 우정과 로맨스가 혼합된 공동체 형식의 느슨한 가족 구성 같은 거죠. 새로운 다정한 관계는 아이를 입양할 수도 있고, 나이 든 부모나 친구, 연인과 함께하는 여러 형태로 나타날 수도 있을 겁니다. 험난한 세상일지라도 더 많은 신뢰를 품는 존재가 되어주세요. 행운을 빕니다.

사랑의 새로운 가능성

—

안전과 자유가 충돌하는 현대의 사랑. 무엇이 사랑을 지탱할 고임돌이 될까? 아이러니하게도 헤어짐의 자유를 공유할 법적 조건이 한 방법이 되리라 생각한다. 둘 중 어느 한 명은 떠날 자유를 누리지만, 다른 한 명에게는 그것이 삶의 위기로 닥친다면, 이는 사랑했던 시간에 대한 배반일 뿐 아니라 그 사회의 사랑을 위기로 몰아가는 함정이 되리라. 이별은 감정뿐 아니라 사랑을 바탕으로 형성한 재산과 주변 관계마저 비틀어버린다. 재산이 없는 여성은 가정폭력에 더 쉽게 노출되고, 더 고통받으며, 이혼 후 빈곤으로 추락하는 경우도 더 많다. 그렇기 때문에 국가는 재산 분할과 부양에 대한 법을 지속적으로 개정해왔다. 한쪽의 경제적 자립을 위해 남은 한쪽이 일정 기간 생활비를 지원하도록 강제한다. 결혼생활, 사실혼 생활에서 발생할 수밖에 없는 약자의 지위가 있기 때문이고, 성평등을 위해 싸워온 여성이 만들어낸 제도이며, 여성과 남성 모두가 누리는 권리다.

한 부모 가족은 초저출산 시대에 유일하게 늘어나는 가족 형태다. 한국은 한 부모 가족의 빈곤율이 양부모 가족보다 3배나 더 높다. 빈곤층 한 부모 가정의 70퍼센트가 싱글맘 가족이다.[1] 이 안에는 가장 취약한 임산부인 10대, 20대 싱글 여성도 있다. 그런데 출산율이 경제라 부르짖는 지도자들조차 한 부모 가정을 가족 구성 형태로 인정하지 않는다. 오히려 "낙태를 강력히 단속하면 출산율이 높아진다"며 큰소리친다. 사랑도 버거운 시대에 출산을 오로지 여성의 책임으로 돌리는 고위 공무원에게 공직자로서의 자격이 있는지, 그를 임명한 관료 시스템마저 우려스럽다.

임신중절을 단속해 출산율을 높인 국가는 없었다. 오히려 아이를 낳고 기를 수 없는 처지의 여성들, 돈이 없어 외국에 나가 안전한 의료 행위에 몸을 맡길 수 없는 여성들이 위험한 불법 임신중절수술로 목숨을 잃거나, 아픈 몸을 치료하며 여생을 산다.[2] 유아 사망률 또한 여지없이 오르고, 보육기관에 맡겨지는 영유아가 늘며, 사회적 비용은 증가한다.

캘리포니아 새크라멘토에는 터브먼하우스Tubman House라는 비영리 재단이 있다. 가장 약한 부모와 아이들의 자립을 위해 "이제 마을이 아이를 지킨다"를 모토로 2003년 1월 문을 열었고, 지금은 캘리포니아의 자랑이 되었다. 터브먼하우스는 18~21세 홈리스 부모들을 위한 집으로 산후조리를 해주고 육아를 교육하며, 좋은 부모가 되도록 이들을 안내한다. 부모의 손길을 받지 못하는 어린 부모들이 그들의 아이와 함께 지내며 자연과 예술에 다가가고, 못 마친 공부를 이어간다. 고등학교를 중퇴한 어린 부모들 가운데 80퍼센트는 학력 인증을 받고 자립했고, 그중 반은 대학에 진학했다. 75퍼센트는 빚을 갚고, 밀린 벌금을 냈으며 신용도를 회복한 뒤 터브먼하우스를 떠났다. 75퍼센트가

1년 6개월의 거주 기간 동안 1000달러 이상을 저축했다고 한다. 사회로 나간 후 93퍼센트는 홈리스 생활로 돌아가지 않았다.

터브먼하우스를 만든 브리짓 알렉산더와 블리스 레이니스는 어여쁜 세쌍둥이의 엄마들로 레즈비언 부부다. 여느 엄마와 달리 세상의 모든 아이를 품고자 한다. 마을은 두 사람을 전폭적으로 신뢰했고, 홈리스 퀴어 청소년을 위한 쉐어하우스인 오드리스 도어웨이Audre's Doorway까지 열었다. 알렉산더와 레이니스는 어린 부모들이 기본적인 지원만 받으면, 그 어떤 넉넉한 가정에서 자란 청년 못지않게 살 수 있음을 증명해냈다. 예술을 사랑하고 자연 속에서 아이와 뛰놀며, 지역 공동체에 봉사하는 청년 엄마 아빠 들의 모습을 세상에 보여주었다.

에바 일루즈
Eva Illouz

이스라엘 헤브루대학 사회학과 교수이자 프랑스 사회과학고등연구원의 연구책임자. 1961년 모로코에서 태어났다. 파리10대학에서 사회학, 커뮤니케이션, 문학을 공부하고 히브리대에서 커뮤니케이션 석사, 펜실베이니아대에서 커뮤니케이션과 문학이론으로 박사학위를 받았다. 파리 사회과학고등연구원, 프린스턴대 등에서 강의하고, 베를린 지식연구소 교수를 지냈다. 2009년 독일 일간지 『차이트』 선정 '내일의 사유를 바꿀 12인의 사상가'로 꼽혔다.

일루즈는 자본주의 속에서 지나치게 심리학적으로 해석되는 개인의 사랑을 사회구조에 종속되어 진행되는 사회학적 현상으로 분석했다. 자본주의는 노동자의 감정을 단속하며 생산성을 극대화하는 방편으로 심리학의 성과를 이용해왔다. 개인의 관계는 봉건주의 가부장 문화 속에서 철저히 통제되었고, 여성의 감정과 노동은 가족, 마을 공동체를 위한 희생이 가장 숭고한 가치인 것처럼 이데올로기화됐다. 이러한 맥락이 지난 100년간 지속되어온 현대의 자본주의 문화를 그는 가부장제 자본주의로 규정한다. 자본의 축적이 철저히 남성 중심, 강자 중심의 가부장 질서를 틀 삼아 이뤄져왔다는 분석이다.

그의 책 『낭만적 유토피아 소비하기Consuming the Romantic Utopia』는 전미사회학회에서 2000년 감정사회학 분야 최우수 도서 후보로 선정되었고, 『오프라 윈프리, 위대한 인생Oprah Winfrey and the Glamour of Misery』은 2005년 같은 학회에서 문화사회학 분야 최우수 도서로 선정되었다. 그 밖의 지은 책으로 『감정 자본주의Cold Intimacies』 『사랑은 왜 아픈가Warum Liebe weh tut』 『사랑은 왜 불안한가Hard Core Romance』 등이 있다.

마사 누스바움
Martha Nussbaum

마사 누스바움이 있는 시카고대로 향하던 택시 안, 청년 운전사의 손목에 노란 밴드가 채워져 있다. 그에게 무슨 의미인지 물었다. 소말리아를 사랑한다는 뜻이라고 한다. 덧붙이길, 소말리아에서 왔지만, 소말리아 국민이라는 생각은 짙지 않다고 했다. 어느 날 누군가의 편의에 의해서 그어진 국경선을 소말리아 여권이 있어야만 통과할 수 있게 됐지만, 국경 너머에는 여전히 자신들의 부족이 산다면서. 그가 노란 밴드를 차는 건, 고향에 있는 억압받는 동포들에게 연대하기 위해서라고 했다. 나는 3년째 내 손목을 둘러싼 노란색의 의미를 전했다. 억울함이 집단의 목소리로 터져나오던 순간, 군중은 머리와 손목에 명조 짙은 색끈을 동여매었다. 대상화된 집단에 묻혀 가라는 대로 오라는 대로 흘러가는 군중으로 보일지라도, 한 명 한 명은 조금씩 밴드시 다른 의지를 지닌 개인이라는 항변이다.

차별과 혐오는 미처 겪어보지 못한 '경험 없음'에서 오는 무지일 확률이 높다. 내 안에 벌써 들어와 있는 거부감, 미움조차도 알지 못함에서 이식된 매몰참일 수 있다. 시대의 혐오를 살펴보면 집단적 혐오 안에 열등감, 두려움, 때론 상처가 존재한다는 사실을 마주할지도 모른다. 무관심, 비적극적 저항이라는 형태조차 우리가 용인한 혐오일 수 있다.

혐오는 정치적·경제적 권력 다툼 속에서 조장되기도 하고, 인간의 편 가르기 욕구 속에서 꿈틀대기도 한다. 만연한 혐오 상황에서 개인과 집단을 점검하고자 법철학자 마사 누스바움과 함께했다.

●

혐오의 양상들

—

왜 인간은 타인을 혐오할까요?

두 가지 차원의 혐오가 있다고 생각해요. 첫째는 모든 사회에서 작동하는 것인데, 몸에서 배출되는 분비물, 노폐물에 대해 느끼는 혐오죠. 대소변, 피, 콧물 등 우리의 동물성에 대한 거부 표현입니다. 여기에는 일종의 원시적인 두려움이 있어요. 우리 정신은 인간의 동물성에 '오염된 상태'라는 상징성을 부여합니다. 시체는 분명 혐오스럽죠.

자동반사적으로 나오는 혐오 반응은 세균에 의한 감염이나 위험으로부터 우리를 지켜주기도 했습니다.

혐오의 대상이 꼭 위험 요소에만 한정되지는 않습니다. 혐오와 두려움이 다르다는 건 여러 연구에서 확인할 수 있어요. 독버섯을 예로 들면, 매우 위험하지만 혐오스럽지는 않죠. 반면에 바퀴벌레는 살균해서 먹을 수 있는 값싼 단백질원인데도 먹지 않습니다. 여기에 또 다른 종류의 혐오가 자리합니다. [인간 심리가 반영된] 문화적 차원의 혐오죠. 저는 이것을 '투사 혐오projective disgust'라고 부릅니다. 문제는 여기에 있어요. 부패, 냄새, 분비물 같은 역겨운 특성을 우리 사회의 특정 집단에 투사함으로써 혐오를 그들을 종속시킬 전략으로 사용하는 것이죠. 이 혐오는 대체로 약한 집단을 향합니다. 그들을 동물적이라고 묘사하죠. "오! 이건 저들한테만 있지 나한테는 없어. 동물적인 성적 취향은 그들한테나 있지 나한테는 없다. 고약한 냄새도 그들에게서나 나지 나에게선 안 나!" 말도 안 되는 거짓말이죠. 미국 백인들은 흑인들을 향해 냄새가 고약다고 말하고, 그들을 동물 취급했지만 사실 모든 인간은 다 비슷비슷한 냄새를 풍깁니다. 이런 전략에는 두 가지 목적이 있어요. 첫째, 우리의 동물성을 부정하기. 둘째, 약한 집단을 종속시키기. 이렇게 흑인, 여성, 성소수자 등을 동물적인 존재로 만들면서 인간의 동물성을 부정하는 거죠.

투사 혐오는 그 방식에서 약간씩 차이를 보입니다. 가령 미국 백인들은 흑인의 신체에 대해 육식동물 가운데 힘센 포식자의 이미지를 투영합니다. 이런 혐오에는 두려움이 섞여 있죠. 반면 인도 카스트 제도의 불가촉천민에게 투영되는 이미지는 이와 다릅니다. 그들에게 투영되는 혐오에는 두려움이 없어요. 약하고 처연한 동물의 이미지가 투사됩니다.

요즘 제가 인도 학자들과 함께 「인도와 미국의 공공 정책 속 수치, 혐오, 배제Combating Stigma, Disgust, Exclusion in Public Policy in India and the USA」라는 제목의 연구를 진행하고 있는데요. 카스트 제도와 미국의 인종 차별, 여성의 몸을 향한 혐오, 게이와 레즈비언, 트랜스젠더를 향한 혐오, 그리고 장애에 대한 혐오를 살펴봅니다. 여기에 '늙음'에 대한 혐오도 다루고요. [많은 사람이 주름과 늙어가는 몸을 혐오하고 늙음으로부터 도망치죠. 하지만, 우리는 모두 결국 늙어가리라는 사실을 압니다. 다만 마주하고 싶지 않을 뿐이에요.] 이렇게 다양한 혐오 양상 간의 공통점은 무엇인지, 또 차이점은 무엇인지를 짚어내는 연구입니다.

혐오 가운데는 매우 복잡한 양상으로 벌어지는 사례들도 있습니다. 무슬림을 향한 혐오죠. 인도에서 무슬림은 힘이 세고, 포식자인, 흥분한 동물로 그려집니다. 미국에서 아프리카계 미국인을 이미지화했던 방식과 비슷한데요. 미국 사람이 무슬림을 보는 시각과는 차이가 있죠. 미국인들은 이들을 두렵고, 혐오스러운 테러리스트로 이미지화합니다. 인도에서는 계급적 시선이 끼어들어 있어, 신분에 따라 차별적인 혐오 양상이 나타납니다. 하층 계급 무슬림에게는 더러운 이미지가 덧씌워지죠. 이렇게 혐오를 다룰 때는 서로 다른 모든 현상을 대단히 주의 깊게 살펴야 합니다.

인도에서 작동하는 혐오에는 과거 영국이 조장했던 식민지 분리 통치 전략이 아직도 깊이 베어 있다고 봅니다. 식민 통치는 인도인으로 하여금 인종과 종교에 따라 서로를 반목하게 만들었고, 이로 인한 원한이 혐오로 뿌리내린 것 같아요. 인도뿐 아니라 미얀마나 스리랑카, 또 한국의 지역 갈등도 위정자의 통치 수단인 분리 정책이 만든 문화라는 생각이 들고요.

그런데 왜 사람들은 이토록 동물성을 거부할까요? 우리 모두는 스스로 호모사피엔스임을 잘 알고 있는데요.

어떤 면에서는 알고, 어떤 면에서는 모른다고 할 수 있어요. 한국에서는 어떤지 모르겠지만 미국에서는 대다수의 사람이 진화론을 믿지 않습니다. 그들은 인간이 신의 권능에 의해 창조되었다고 생각하죠. 그래서 과학을 배우기는 하지만, 이를 진정으로 믿지는 않습니다. 많은 이론이 인간은 동물로부터 진화했다고 설명하지만, 이는 지금도 미국 교육에서 역사적으로 커다란 논쟁거리예요. 몇몇 주에서는 진화론을 가르치는 것을 불법으로 보기도 했죠.

아직도 그런가요?

불법은 아니지만, 문화적으로 이를 격렬하게 거부하죠. 진화론을 가르칠 거면, 창조론도 필수로 가르치라고 학교를 압박합니다. 어떤 사람들은 인간이 우주에서 특별한 존재가 아니며, 신의 권능으로부터 탄생한 영원불멸의 존재도 아니라는 사실을 받아들이고 싶어하지 않는 거죠. 하지만 당연하게도 우리는 그런 존재가 아닙니다.

저는 동물성을 거부하지 않고도 종교적 신념을 지킬 수 있다고 생각합니다. 실제로 많은 기독교인과 유대인 들이 진화론을 확실히 받아들이고 있어요. 하지만 미국에는 이에 반해 강력한 권력을 휘두르는 복음주의 종파가 있습니다. 한국도 그럴 것 같은데요. 진화론에 대한 저항의 근원지죠. 이들은 성서가 말하는 바를 문자 그대로 해석하는 원문주의에 빠져 있습니다. '인간은 특별하게 창조되었다. 다른 동물은 그렇지 않았다.' 이 내용을 문자 그대로 받아들이니, 현실에서 과학을 교실로 가져가기 위해 투쟁을 해야만 하는 거죠.

2016년 서울 시청 앞 광장에서 퀴어 문화 축제가 열렸을 때였습니다. 복음주의 단체가 현수막을 내걸었어요. "우리는 항문성교를 반대한다."

제 이야기에 딱 맞는 예로군요. 사람들은 말하죠. "세상에! 그건 동물이나 하는 거지, 우린 좋아하지 않아." 하지만 알다시피, 모든 성교는 동물적이고, 우리는 성교를 할 때 동물로서의 몸을 사용합니다. 항문성교라고 해서 다른 형태의 성교보다 더 동물적일 것도 없어요. 동물의 성교와 딱히 다르지도 않고요. 항문성교는 호모섹슈얼 관계에서만 나타나는 것도 아닙니다. 헤테로섹슈얼 관계에서도 흔하죠. 고대 그리스에서는 피임을 위해 항문성교를 하기도 했습니다. 그리스 화병을 보면 그런 그림이 그려져 있어요. 그들은 동물의 성교에서 이를 따왔고, 남녀 간에도 흔하게 적용했습니다. 당연히 피임을 하고 싶었을 테니까요.

내재된 두려움

—

타인에게 위해를 가하는 행위도 아닌데 대체 왜 그리도 사적인 성적 취향을 공론화하려 할까요? 동성애에 대한 차별, 호모포비아를 조장하려는 것인가요?

다른 혐오와 비슷하리라 생각해요. 전면적인 사회 변화를 두려워하는 거죠. 전통적인 가족 구조를 위협하는 변화 말이에요. 가령 그들은 레즈비언에 대해 여성이 더 이상 남성을 필요로 하지 않고, 남성의 통제에서 벗어나 스스로의 운명을 찾아 나설까 봐 두려워합니다. 당신이 제시한 예는 아마 게이에게 더 해당될 텐데, 헤테로 남성에게 게이는 레즈비언보다 더 위협적인 존재로 여겨집니다. 더 직접적인 반감을 갖죠. 이건 삽입당하는 것에 대한 두려움입니다. 다른 남성에 의해 삽입당하는 데 대한 두려움이 매우 깊죠. 욕망의 대상이 되는 것에 대한 두려움, 그리고 여성화된다는 두려움, 약자가 되어 자신보다 더 강한 남성에 의해 관통당하리라는 두려움이죠.

여성이 갖는 원초적 두려움인 강간에 대한 두려움을 남성도 공유하고 있다는 건가요?

거기에는 거대한 미국식 남성성이 반영돼 있습니다. 남자는 오로지 흔들림 없이 굳건한 존재여야 한다는. 게이들을 향해 드러내는 극심한 혐오가 바로 여기에 속한다고 저는 생각해요. 미국의 남성성은 힘세고, 지배적으로 군림하는 데 대한 엄청난 강박이 있어요. 용감하고 자립적인 상태에 집착하죠. 이런 문화는 군대나 체육계, 스포츠계에 다분히 반영돼 있어요. 미국식 영어 표현에도 드러납니다. "manning up"(사나이답게)이란 말은 남성성을 위풍당당하게 드러내죠.

가부장제의 틀 안에서는 두 종류의 인간이 있을 뿐입니다. 상남자와 계집애 같은 남자. 여기서 후자는 인간으로 인정받지 못하는 여성처럼 존엄을 갖기 어렵고요.

약자의 특성, 즉 두려움을 느끼고, 도움을 필요로 하는 연약함 따위는 끼어들 틈이 없죠. 사실 연약함이란 모든 인간이 가지고 있는 보편적인 특성임에도, 헤테로 남성들은 이를 인정하려 들지 않습니다.

연약함은 그 어떤 존재도 위협하지 않는 중립적 특성입니다. 오히려 소통과 공감을 일으키는 가능성이기도 하고요. 그런데도 왜 이를 인정하지 않을까요?

사실 우리는 스스로의 연약함에 대해 두려움을 느낍니다. 왜 타인을 지배하려 할까요? 두려움을 포장하기 위해 반격하는 겁니다. '날 두렵게 하는 자에게는 더 세게 맞받아쳐야 해! 겁먹지 않았다는 걸 보여주려면 공격이 최선의 방어야!' 극도로 두려운 상황에서 그것이 분노로 표출되는 상황과 같아요. 그런데 이걸 공론화할 때는 좀더 이성적으로 준엄해 보일 필요가 있습니다. 그래서 사회가 위협받는다는 식의 주장을 하는 거죠.

콜로라도 주헌법 수정 제2조(성적 지향을 이유로 차별당한 사람들을 보호하는 시조례를 무효화하려는 조항으로, 연방대법원은 1996년 로머 대 에반스 사건에서 이 조항이 연방헌법의 평등 보호 조항에 위반된다고 판시한 바 있다) 재판에 감정인으로 참석한 적이 있습니다. 로머 대 에반스 사건으로 불린 기념비적인 재판으로 동성애 차별금지법에 반대하는 수정 법안이 주민투표에 부쳐졌죠. 법안을 발의한 남성이 증인석에 점잖게 앉아 있더군요. 이미 법정에 혐오를 조장하는 전단지를 돌린 뒤였습니다. 전단지에는 게이들이 대변을 먹고, 피를 마신다는 내용이 적혀 있었어요. 그러면서 "파벌주의, 차별 철폐 조치 등은 위험하므로 이에 맞서 이 사회를 지키겠다. [동성애를 허용하면] 아동 성추행이 늘어날 것이다"라고 발언했습니다.

최근 동성결혼 논쟁에서도 이런 일이 벌어지고 있다고 생각합니다. 동성결혼에 반대하는 사람들은 말하죠. "아동 성추행이 늘어날 것이다. 어린이들이 위험하니, 동성이 결혼하는 모습을 보여줘서는 안 된다!" 하지만 근거 없는 주장입니다. 원초적 두려움을 감추려는 핑계일 뿐이에요. 이미 자식을 키우고 있는 게이 커플인데 결혼을 할 수 없다면,

그들의 아이는 결혼한 부모와 함께 살 때보다 훨씬 더 제한된 환경에서 살아가야 합니다. 부모의 결혼은 아이들에게 자연스럽게 어떤 사회적 지위를 가져다주죠. 안전을 보장받고, 국가로부터 혜택도 받을 수 있으니까요. 제 동료이자 영향력 있는 법철학자인 리처드 포스너 연방항소법원 판사는 일리노이주와 위스콘신주의 동성결혼금지법에 대해 법리적 검토를 마친 뒤 판결문에 이렇게 적었습니다. "반대자들이든 모든 이유는 상식에 맞지 않는다. 동성결혼 허용은 위험 요소가 아니다. 이는 모두 편견과 낙인에 의한 것이다." 저라면 이렇게 말하겠어요. "이것은 혐오다!"

평등에서부터 시작하기

—

한국에서 일어난 일이 생각나는데요. 발달장애직업센터 설립을 부지 근처 중학교 학부모들이 격렬히 반대했습니다. 정신지체장애인들이 오면, 자기 자식들이 위험해진다고요.

텍사스의 한 도시에서 정신지체장애인을 위한 주거 센터를 세울 때도 똑같은 일이 벌어졌습니다. 반대자들이 '구역법Zoning Law'을 통과시켰죠. 홍수대책시행령을 확대해서 센터 건립을 막은 건데요. 정신지체장애인들은 홍수가 나면 대피하기 어렵다는 게 그 이유였습니다. 하지만, 진짜 이유는 따로 있었죠. 그들이 역겹고 소름 돋는다는 겁니다. 혐오죠. 합리적 기본 근거조차 갖추지 않고 내려진 판결인데, 아직도 논쟁이 되고 있습니다. 저는 오로지 적대감에 의해 내려진 이 판결의 배후에 혐오가 있다는 논증을 제기했습니다. 성소수자 관련법에서도 같은 점을 지적한 바 있죠. 반대하는 사람들이 드는 이유는 늘 하나입니다. 한 동네에서 어울리고 싶지 않다는 것. 그래도 다행히 미국은 '장애인교육법Individuals with Disabilities Education Act'을 법제화했습니다. 지적장애인이 비장애인과 함께 평범한 교실에서 수업을 받을 수 있도록 하는 법이죠. 역사적인 진전이었고, 실제로 많은 성과를 내고 있습니다. 사람들이 장애를 가진 아이들과 가까이 지내면서 혐오가 사라지는 경험을 하고 있어요.

장애인들이 안전하게 함께할 수 있는 교육 환경을 마련하려면 상당한 비용이 들긴 합니다.

왜 더 많은 돈이 필요할까요? 이유는 하나예요. 이 사회가 비장애인만을 위해 디자인되었기 때문입니다. 휠체어로 드나들 수 없으니, 장애인이 오가도록 하려면 입구를 재정비해야겠죠. 하지만 애초부터 이런 설비를 했다면요? 장애가 있건 없건 모두 함께 편의를 누렸을 것이고, 장애인을 위한 설비에 비용이 든다는 말이 나올 이유도 없습니다. 지적장애인과 함께할 때도 마찬가지입니다. 이 아이들을 집중시키려면 교사가 좀더 세심하게 신경을 써야 해요. 이때 애초에 교사들이 다양한 상황에 대처하도록 교육받았다면, 지적장애인이 제자로 들어왔다고 해서 재교육을 받을 필요가 없습니다.

노인 문제도 그래요. 항상 같은 이야기가 나옵니다. 급증한 노년 세대를 위한 프로그램을 만들어야 한다고 말하면서도, 막상 주민 센터를 개방하려 하면 꼭 비용이 든다고 불평합니다. 하지만 공공시설을 건설할 당시부터 이를 고려했다면 비용에 대한 말은 나올 이유가 없죠. 단순해요. 처음부터 노인을 배제시킨 결과입니다. 나중에 함께하려니 비용이 드는 거죠.

청년들은 이전 세대야말로 경제성장의 모든 이점을 누렸다고 여깁니다. 일자리조차 구하기 어려운 상황인데 왜 자신들이 노년 세대의 복지까지 떠안아야 하느냐고 묻죠. 몸에서부터 노년 세대를 혐오하는 듯 보이기도 합니다.

그래요, 몸으로 반응하는 혐오가 있다고 봅니다. 그런 혐오는 일터에서 노년 세대와 어울리며 잘 지낼 수 있을 때 잦아들 거라 봐요. 시카고대학교에는 나이에 따른 정년퇴직이 없습니다. 제가 부임한 1994년에도 그랬으니, 오래된 전통이죠. 동료들은 같이 일하는 이들이 몇 살인지 상대의 나이를 의식하지 않습니다. 나이에 따른 혐오도 없고요. 나이 차가 별다른 이슈가 안 되거든요. 서로 다른 인종이 완전하게 통합되었을 때 나타나는 현상과 비슷해요. 일단 동료로서의 유대감이 생기면 누가 어떤 인종적 배경을 가졌는지는 별로 눈에 들어오지 않거든요. 어쩌다 차이가 눈에 들어올 때가 있긴 합니다. 바로 정치적인 맥락을 다룬 연구 논문을 발표했을 때죠. '아, 이 친구가 아시아인이구나, 아프리카계 미국인이었지!' 그제야 새삼스레 인식하죠.

실재하는 혐오의 맥락들

—

한국에서 지역 차별이 오랜 시간 정치에 이용되어왔듯이, 세계 곳곳에서
는 여전히 혐오를 부추기거나 그 감정에 호소하는 정치가 벌어집니다. 최
근 들어 인종, 여성, 동성애에 대한 혐오가 물리적인 위협으로까지 이어
지고 있어요. 한국에서는 대선 토론에서 보수 후보가 동성애 이슈를 안
보와 연결시켜 부각하면서 큰 논란이 됐는데요. 혐오 정치가 세계적으로
기승을 부리는 이유는 무엇일까요?

불확실의 시대, 더 심한 경제적 불평등의 시대라서 그렇습니다. 사람
들이 누군가 탓할 상대를 찾는 거죠. 아이들이 읽는 동화에서처럼. 이
야기는 늘 가난하고 배고픈 생활고에서 시작되지만, 곧 마녀가 나옵니
다. 동네 사람들은 숲 속 깊은 곳에서 어렵사리 마녀를 찾아내고 외
칩니다. "여기 못생기고 역겨운 마녀가 있다! 마녀를 죽여 우리의 고통
을 끝내자!" 저는 현대인도 이처럼 마녀사냥을 원한다고 생각해요. 이
렇게 말하고 싶은 거죠. "이 끔찍하고 추잡하고 혐오스런 사람들이 내
일자리를 빼앗고, 내 구역으로 기어들고 있다!" 그 표적으로 여성이
등장합니다. 미국 대선이 그랬어요. 여성의 몸에 대한 역겨운 이미지
가 수없이 나돌았고, 그 종착지는 여지없이 힐러리 클린턴이었습니다.
반면 게이에 대한 혐오는 그리 심각하지 않았어요. 트럼프가 굳이 동

성애 이슈까지 건드리지 않았던 한 가지 이유를 꼽으라면, 저는 이렇게 봅니다. 애써 트럼프까지 나설 필요가 없었다! 부통령 마이크 펜스는 물론이고, 이미 매우 많은 보수주의자가 포진해 있었기 때문에 동성애 혐오는 그들만으로도 충분했거든요.

NPR 라디오 보도에 나온 내용인데요. 독실한 기독교인인 아프리카계 미국인 게이 청년의 고백에서 미국인들의 정서를 느낄 수 있었습니다. 차마 기독교적 신념을 버릴 수 없어 공화당을 지지하지만, 복음주의를 강조하는 여타 보수 후보와 달리 트럼프는 동성애에 온건하리라 여겨 그를 위해 운동한다고 하더군요.

게이를 향한 혐오가 미국 대선에서 정치적 쟁점으로 부각 되지 않은 것은, 미국인의 정서가 8년 전과 비교해 얼마간 달라졌음을 보여줍니다. 저는 미국에서 동성애자들에게 덧씌워진 오명을 씻는 데 대중예술이 큰 기여를 했다고 봐요. 「윌 앤 그레이스Will and Grace」 같은 시트콤은 일반 가정을 배경으로 동성애자들의 이미지를 그려냈어요. 모두 알다시피, 현대의 가정 형태는 점점 더 복잡해지고 있습니다. 이혼을 하고, 가족 구성원 중 누군가가 이민자일 때도 있고, 소수민족 문화를 가진 가정이 복합적으로 섞여 있죠. 이를 배경으로 한 작품들이 재미있고 훌륭하게 씌었을 때, 시청자들은 그 주제에 친근함을 느낍니다. "오, 그렇지, 맞아 맞아" 하면서요. 가족 중에 게이가 없더라도 함께 웃다 보면, 다정한 마음이 일어납니다. 혐오 감정을 느끼기 어렵죠.

시트콤 「모던 패밀리Modern Family」도 소피아 베르가라라는 라틴계 여성이 중심 인물인데, 거기에서도 게이 이슈가 다뤄졌습니다. 게이 남성이 한 남성에게 끌려서 다가갔는데, 상대 남성은 동성애를 혐오하는 복음주의 기독교인이었습니다. 연애 감정이 깔린 상황에서 두 남성이 호모포비아에 대해 토론하죠. 요즘 가정에서는 동성애 문제를 이렇게 안방에서 평화적으로 마주합니다. 시청자는 동성애자가 그리 위협적이지 않다고 느낍니다. 게이들이 일자리를 빼앗는다고 여기지도 않죠. 또 보통은 동성애자들이 일터에서 자신의 성정체성을 드러내는 경우도 많지 않으니까 기득권 남성에게는 오히려 여성이 더 큰 일자리 위협 요소로 받아들여집니다. 그다음이 새롭게 유입되는 이민자들이고요.

한국 사람들도 외국인 노동자나 이민자를 향해 임금 조건을 떨어뜨린다며 비난하곤 합니다. 실제로는 그들과 구직 경쟁을 하지도 않는데 말이에요.

이러한 심리는 항시 혐오로 발전하죠. 이민자들은 더럽다, 그들은 악마다 등등. 미국에서는 늘 라틴계 이민자들이 표적이 돼요. 제 사위는 독일에서 온 이민자인데 단 한 번도 저항에 부딪히거나, 거부당한 적이 없어요. 금발에 파란 눈이고, 좋은 종류의 이민자로 분류되니 혐오할 필요가 없다는 겁니다. 그러니까 이민자에 대한 혐오도 결국 인종차별이에요.

돈이 지배하는 세상이기에 돈 많은 나라에서 온 사람에게는 관대하죠. 같은 금발에 푸른 눈이어도 동유럽이나 러시아계 이민자들에게는 거북함과 불편함을 표합니다. 제가 어제 우버 택시를 이용했는데요. 첫 번째 운전자가 가나에서 온 50대 남성이었습니다. 차에 타자마자 대뜸 선택해줘서 고맙다고 하더군요. 많은 이용자가 그의 차를 선택하고는, 곧 취소한다면서요. 프로필 사진 속 짙은 피부색을 확인한 후의 반응이죠. 두 번째 운전자는 시카고에서 나고 자란 40대 후반의 백인 여성이었습니다. 오전에 만난 가나 출신 운전자 이야기를 하니 이렇게 말하더군요. 자기 증조할아버지도 유럽에서 미국으로 이민왔지만 그건 150년 전이고, 요즘 이민 오는 사람들은 미심쩍다는 겁니다. 그러면서도 저는 믿는다고 덧붙였어요. 미술관 앞에서 차를 부른 여성 아시아인에 대한 선입견이 작동했을 수도 있고, 말해놓고 보니 제 마음이 상했을까 염려도 됐겠죠. 그의 의구심은 어두운 피부, 라틴계, 아랍계 이민자에 대해 더 심하게 발동하는 듯했습니다. 그러더니, 제가 내릴 때 "미국에 온 걸 환영한다"더군요. 제가 여기 온 지 15년째인데요.

슬픈 일이에요. 흑인 남성은 거리에서 택시 잡기도 어렵습니다. 지금도 그런 이야기가 보도되죠.

하버드대 교수 코넬 웨스트의 경험은 크게 공론화되었죠.
텔레비전에도 자주 나오는 코넬이 뉴욕 파크애비뉴에서 정통 수트를 갖춰 입고도 밤 늦도록 승차 거부를 당해 서 있었으니까요. 또 하나,

목적지가 흑인 거주 지역이면 가지 않으려고 해요. 시카고에서는 총기 사고가 벌어지면서 사람들이 더 방어적으로 변해가죠. '오, 이 사람들이 갱단 총질에 나를 끌어들일지도 몰라' 하고 생각하는 듯합니다.

한국에는 '우리는 한 민족'이라는 신화가 있어요. 한국 사람은 모두 5000년 동안 순수 혈통이었다는 거죠. 하지만 제 얼굴이 그렇지 않다는 걸 말해줍니다. 아리아인의 유전자가 있지 않을까 의심이 가는 생김새니까요. 한국에서는 20세기 말부터 다문화 가정이 늘기 시작했습니다. 지금 그들의 자녀가 장성하면서 고통받는 상황이 나타나죠. 왜 인간은 순수 혈통, 정상인이라는 개념에 휘둘릴까요?

인간은 동물과 다르다는 사고의 연장이죠. 백인 미국인들이 그래요. 얼마 전까지 백인과 흑인이 결혼하지 못하도록 법으로 금지해왔습니다. 백인 남성이 그들의 흑인 여성 노예를 강간해온 세월이 수백 년인데도. 사실은 거의 모든 사람이 혼혈입니다. 정말 완전히 순수 백인인 미국인을 발견한다는 건 엄청나게 놀라운 일이 될 거예요. 순혈 백인 같은 말은 무지하기 짝이 없는 말입니다.

미술 작가인 크리스티앙 볼탕스키가 "우리는 모두 누군가의 검둥이다"라는 말을 했습니다. 그만큼 우리는 늘 얕잡아 탓할 상대를 찾고, 희생자가 되고 있다는 건데요. 스트레스 지수가 높아져가는 경쟁사회에서는 반목이 팽배합니다. 어떻게 하면 좀더 안전한 사회를 만들 수 있을까요? 법이 우리 문명을 구할 수 있다고 생각하나요?

법은 꽤 많은 일을 할 수 있습니다. 제가 법학 학위가 없음에도 로스쿨에서 철학을 가르치는 이유죠. 철학적 가치가 법제화되면 엄청난 차이를 만들기 때문이에요. 어제 종강한 수업이 페미니스트 철학입니다. 강간, 성폭력, 성추행 등에서 페미니스트 철학이 어떻게 법제화됐고, 어떤 차이를 만들었는지를 다뤘어요. 제가 대학원에 다닐 때는 여학생 모두가 성희롱, 성추행을 당해도 호소할 법은커녕 그에 대해 불평할 수조차 없었습니다. 지금은 다르죠. 물론 법을 제정하려면 우리는 먼저 문화적으로 변화해야 해요. 목소리를 내어 말해야만 합니다.

일례로, 동성애는 법이 바뀌지 않았을지라도 인식이 변하면서 차별은 비합리적이라는 사회적 시선이 생겼습니다. 이는 청년들이 부모에게 말하기 시작했기 때문입니다. 게이가 괴물이라고 생각했던 부모 세대는, 자기 아이가 게이라는 사실을 마주해야 했죠. 물론 어떤 부모들은 자식을 내칩니다. 하지만 관계를 끊는 부모들은 극소수라고 봐요. 피플래그PFLAG라는 단체가 있어요. 성소수자 자녀를 둔 부모들이 성적 지향에 따른 차별을 없애는 법을 제정하기 위해 결성한 단체입니다. 세상은 빠르게 변하고 있어요.

다만 한 가지 주목할 점은, 인종 장벽이 성적 지향에 대한 장벽보다 훨씬 더 견고하다는 겁니다. 시카고 교외에 사는 레즈비언 커플이 인공수정을 통해 아이를 가졌는데, 낳고 보니 흑인 아기였던 일이 있었습니다. 병원 측의 실수였죠. 엄마들이 병원을 고소했습니다. 당장 아이와 이사를 해야 한다며 피해보상을 요구했어요. 그들이 살던 동네는 레즈비언에 대해서는 반감이 없지만, 흑인은 받아들이지 못하는 백인 동네였습니다. 미국은 다른 어느 나라보다 인종주의 문제가 심각한 나라입니다. 시카고는 여기에 범죄에 대한 두려움까지 겹쳐 흑인들을 쉽게 범죄자, 마약 중개인으로 취급해버리죠. 이런 심리를 제거하기란 대단히 어렵습니다.

한국의 이주민들도 지역적으로 분리되어 집단 거주지가 형성되는 단계에 접어들었는데요. 그럼에도 인종차별에 대한 개인들의 자각은 무디기만 합니다. 피부색에 따른 차별을 내면화하고 있지만, 이를 공론화하거나 법적으로 제도화하는 과정까지는 나아가지 못하고 있죠. 반면에, 동성애 문제는 점점 더 대립적으로 공론화되는데요. 최근 군대 내 성소수자 색출 지시가 있었고, 그로 인해 한 장교가 군사재판에 회부되어 유죄를 받았습니다. 제도권 내에서 격렬한 논쟁이 있었죠.
한국이 이렇게나 뒤처져 있다니 당혹스럽습니다. 미국에는 한국보다 훨씬 더 많은 기독교인이 있지만, 지난 10년에 걸쳐 성소수자의 평등권이 제도적으로 보장됐어요. 군대에서 차별을 없앨 수 있었던 건, 게이와 레즈비언 군인들이 명예롭고 용기 있게 군복무를 한다는 기록 덕분입니다.

한국에서 그런 정체성을 밝히기엔 위협이 따릅니다.

원시적인 상황이군요. 미국 군대는 트랜스젠더에 대해서도 꽤 진전된 태도를 보입니다. 그저께 석방된 브래들리 매닝[1] 사례를 보면 알 수 있죠. 물론 매닝은 군대 내 정보를 폭로하며 세계 언론의 주목을 받은 군인이기에 더 논란이 됐지만요. 그가 군인의 의무를 저버렸건 양심을 지켰건 간에 그는 감옥에서 성전환을 했고, 군대 내 신상 기록까지 정리한 다음 첼시 매닝이 되어 나왔습니다. 더 이상 트랜스젠더 이슈도 군대 내에서 쟁점이 되지 못하죠.[2] 한편 이스라엘 군대는 미국이 이렇게 되기 전인 1970년대부터 남성, 여성, 게이, 레즈비언의 평등을 법으로 보장해왔어요. 그에 비하면 미군은 훨씬 뒤처진 거죠. 반대자들은 동성애를 인정해도 세상이 잘 돌아간다는 것을 이해해야만 합니다. 그들이 걱정하는 모든 일은 그저 기우에 불과하다는 걸요.

전방위적으로 싸워나가기

—

당신은 1인당 GDP가 증가할수록 국민 삶의 질이 향상된다는 세계 경제 주체들의 시각을 바꿔냈습니다. 불평등이 심한 국가에서는 경제성장이 전체 국민의 생활을 나아지게 하는 데 별 역할을 못한다는 것을 증명해냈죠. 대안으로 '인간개발접근법'을 제시했고, 지금은 UN과 EU를 비롯한 여러 국가에서 매년 인간개발지수HDI를 발표합니다. 경제, 환경, 자원, 노동 여건 등 모든 분야에서 위기가 만연한 시대에 어떻게 지속 가능한 사회를 만들 수 있을까요? 어떻게 약자들이……

(말을 자르며) 바로 그 모든 약자를 존중함으로써요. 경제적 정의가 매우 중요하다고 생각합니다. 우리가 누구는 질 낮은 교육을 받아도 되고, 일할 기회가 없어도 된다고 생각하는 동안, 평등을 추구하는 일은 어떤 분야에서건 대단히 어려워집니다.

인간의 역량을 개발하기란 참으로 복잡한 일입니다. 왜냐하면 사람들은 어떤 면에서 매우 품위 있을 수 있지만, 다른 면에서는 자못 끔찍할 수도 있거든요. 저는 노동계급의 삶이 반드시 나아져야 한다고 생각하는 사람들 틈에서 자랐어요. 하지만 그들은 경제적 평등을 주장하면서도 엄청나게 성차별적이고, 호모포비아적이었답니다.

모든 사람이 인간으로서 품격을 누리는 삶의 기본을 보장받는다면, 세상의 두려움은 줄어들 거예요. 두려움이 줄면 서로의 유대가 강화되고 혐오도 줄어들죠. 우리 자신이 취약할 때 다른 집단에게 그 탓을 돌리고 싶어하는 욕망이 생기거든요. 사회 안전망을 강화하는 것이 중요합니다. 의료 시스템을 강화하고, 삶의 존엄을 지킬 수 있는 최저임금을 보장하고, 교육의 기회를 모두가 누리게 하는 안전망이 잘 갖추어져야 합니다. 그러면 불안은 훨씬 더 줄어들 겁니다. 사람들은 희생물을 훨씬 덜 찾게 될 거예요.

한편으로, 우리는 인간의 성과 장애, 동물에 대한 시선 등 여러 분야에서 느끼는 불안을 각각 분리해서 생각하고, 그에 대처해야 합니다. 인종 갈등에 주거 분리 문제가 얽혀 있듯, 각각의 갈등에는 서로 다른 요인이 있습니다. 대안도 달라질 수밖에요. 그러니 지금 당장 모든 차원에서 진보를 이루자고는 쉽게 이야기할 수 없죠. 각 분야에서 전문성을 깃추며 꾸준히 싸워나가는 겁니다.

마지막 질문입니다. 당신에게 정의란 무엇인가요?

정의에 대한 최소한의 개념은 제가 주장하는 역량 순위에 있어요. 인간의 역량을 창조하는 조건에 대한 10대 핵심 역량입니다. 평균수명을 누릴 수 있는 조건, 건강을 보호할 권리, 자유롭게 이동할 수 있는 신체 보전, 자존감을 지키며 타인과 관계 맺을 수 있는 조건 등입니다. 모든 항목에서 최저 기준을 채운다면, 그 사회는 정의로운 사회로 불릴 수 있습니다. 북유럽의 몇몇 국가는 이 기준에 근접하다고 봅니다. 그렇지만 그곳에도 여러 형태의 인종차별이 있죠. 그들은 주어진 환경에서 차별을 철폐하고 자신들에게 부족한 인권을 보장하는 평등 역량을 완비하도록 투쟁해야 합니다. 요컨대 우리는 전방위적으로 싸워나가야만 합니다. 또한 이슈가 있을 때마다 각 분야의 활동가들을 향한 용감한 지지자가 되어야 합니다.

●

모두를 위한 법적 정의

—

작년 여름 시애틀에 갔을 때다. 양 많고 맛있기로 소문난 피자집을 찾았다. 손님이 늘어 새 공간으로 옮겨온 지 일주일이 됐다는데, 화덕이며 벽 장식은 별스럽지 않았다. 오히려 새집 분위기를 맞닥뜨린 곳은 화장실이었다. 변기와 세면대가 칸마다 마련된 여러 개의 부스가 줄지어 있고, 문에는 여성 남성이 함께 서 있는 팻말이 붙어 있다. 여성, 남성으로 나뉜 화장실에서 칸칸이 들어가 볼일을 보던 익숙한 풍경은 사라지고, 복도에서는 모든 성별이 한 줄로 차례를 기다린다. 법이 제정됨으로써 달라진 일상의 모습이다.

4개월 전인 2016년 3월 시애틀 시의회는 '모든 젠더를 위한 화장실법All-Gender Restroom Act'을 통과시켰다. 인간의 기본 욕구를 해소하는데 있어 누구도 배제되지 않도록 재정한 시조례다. 성전환을 하고도 외모 때문에 공중화장실을 이용하지 못해 요로감염, 신장감염을 앓는 많은 트랜스젠더에게 우선 혜택이 돌아갈 것이다. 특히 백인 외의 인종은 성추행범으로 몰리거나 폭행을 당하는 일이 많았다. 장애인을 돕는 보호자나 어린아이의 부모도 아이 혼자 화장실에 들여놓고 밖에서 전전긍긍할 일이 줄게 됐다.

생물학적 성이 아닌 젠더적 성정체성을 존중할 것인가 여부를 두고 당시 미국은 논란에 싸여 있었다. 급기야 "백악관의 모든 화장실은 젠더 중심이다"라는 오바마 대통령의 선언까지 나왔다. 어느 고등학교는 트랜스젠더 학생이 학교 탈의실과 화장실을 본인의 젠더 기준에 맞게 사용하려 하자, 별도의 화장실과 탈의실을 만들어주겠다고 하기도 했다. 하지만 잘 알다시피 분리 수용은 차별을 일상으로 끌어들이고, 배제와 소외를 낳는다. 노스캐롤라이나주는 공공시설을 생물학적 성에 따라 이용해야 한다고 법으로 명시했고, 전 미국은 끓어올랐다. 소비자를 의식한 거대 음료 회사들이 반대 성명을 냈고, 여행객들은 방문을 취소했다. 그럼에도 화장실 논란은 텍사스주 등으로 번져갔다. 하지만, 1년여가 지난 지금은 아예 없던 일처럼 치부하거나 젠더 정체성을 존중하는 방향으로 정리되는 분위기다. 시애틀에서 모든 젠더를 위한 화장실법을 제정, 시행하면서 문화적인 의식 전환 운동은 일상의 규범으로 안착될 기회를 맞이했다. 그만큼 법의 힘은 막강하다.

마사 누스바움은 각 국가의 헌법 체계야말로 핵심 역량을 구체화할 수 있는 틀이라고 말하곤 한다. 다소 추상적일 수 있는 핵심 역량 개념이 헌법 속에서 개인의 삶을 지켜내는 버팀목으로 구현될 수 있기 때문이다.

지금 한국은 개헌 논의 속에 있다. 수 년 전부터 일어온 개헌 요구가 급물살을 탔다. 하지만 논의는 국회를 중심으로 소수에 의해 이루어지고, 대부분 대통령의 권한, 임기, 선거제 개편에 치중되어 있다.

법은 그 자체로 정의일 수 없다. 칼끝이 어디로 향하는가에 따라 파국을 불러오기도 한다. 헌법 제119조 2항과 제121조를 바꾸려는 자본의 적극적인 움직임을 보면 알 수 있다. 헌법 제119조 2항은 국가가 경제에 관한 규제와 조정을 할 수 있도록 규정했다. 재계는 자유시장 경제를 해치는 규정이므로 없애자고 주장한다. 땅을 경작하는 농부의 마지막 보루 또한 개선이냐 개악이냐의 기로에 서 있다. 제121조 소작

제도의 금지와 임대차 및 위탁 경영에 관한 조항이다. 재계는 이 또한 농업에 있어 자유시장경제와 개방을 막는다며 개정을 주장한다. 농업은 이 땅에 사는 모든 사람의 식량 주권과 직결되는 공공성을 가졌음에도 자유무역협정에서 번번이 돈의 논리에 휘둘린다. 농민들은 이제 헌법에 노동자의 권리와 함께 농민의 권리를 보장하자고 요구한다. 또한 헌법 제35조, "혼인과 가족생활은 개인의 존엄과 양성의 평등을 기초로 성립된다"는 조항 또한 성소수자들의 권리를 막아서고 있다. 성적 지향이 다르다고 해도 시민으로서 동등한 권리를 누려야 한다는 UN이 권고하는 삶의 조건은 아직 대한민국에서는 먼 이야기다.

30년간 달라진 시대상을 반영하는 개헌이라면, 마땅히 혐오로 고통받는 인권의 사각지대를 비춰야 한다. '국민'을 기본권의 주체로 보는 지금의 기준을, 이 땅에 사는 '모든 인간'으로 확장하길 바란다. 이주민을 포함해 모든 사람이 인간다운 삶을 보장받아야 하기 때문이다.

에콰도르는 2008년 국민투표를 통해 자연의 권리를 헌법에 명문화했다. "자연의 생물은 영구히 생존하고 번식하고 진화할 권리를 가지며, 국가가 이에 따른 의무를 수행하지 않을 경우 해당 생물을 대리하여 시민이 소송을 제기할 수 있다." 한 나라의 헌법이 자국 영토뿐 아니라 전 지구를 보살핀다. 아마존을 품은 그들의 법적 정의가 지구 전체의 안녕을 위해 복무할 수 있음을 보여준다. 올바르게 사용된다면, 어떤 국가의 헌법이든 자국 영토·영해의 인간뿐 아니라, 전 세계의 생명을 위해 정의를 구현할 수 있다. 그 시작은 헌법을 만드는 개인들의 선택으로부터 나온다. 차별과 혐오를 막아내는 최소한의 힘 또한 법적 규범을 갖추는 일에서 시작될 것이다.

마사 누스바움
Martha Nussbaum

법철학자, 정치철학자, 윤리학자이자 고전학자, 여성학자. 1947년 미국 뉴욕에서 태어났고, 뉴욕대에서 연극학과 서양고전학으로 학사학위를, 하버드대에서 고전철학으로 석·박사학위를 받았다. 그 후 하버드대에서 철학과 고전학을 강의했고, 브라운대 철학과 석좌교수 등을 지냈다. 현재 시카고대 철학과, 로스쿨에서 법학 및 윤리학 석좌교수로 재직 중이며 미국철학회 회장을 역임했다.

마사 누스바움은 1990년대부터 세계 개발경제학의 주류 이론을 비판하며 새로운 대항 이론인 '역량접근법'을 제시했다. 개별 국가들이 GDP 지수에 매몰되면서 국민을 돌보는 데 중대한 오류를 범한다고 지적하면서, 경제가 성장해도 그 혜택이 고루 돌아가지 않는다면 한 사회의 진정한 성장을 말할 수 없다고 역설했다. 역량이론에서 사회정의란 사람들이 자신의 역량을 자유롭게 발휘할 수 있는 자유에 있다고 본다. 그의 이론은 UN이 매년 발표하는 인간개발지수의 기틀이 되었다. 「혐오와 수치심Hiding from Humanity」 「시적 정의Poetic Justice」 「역량의 창조Creating Capabilities」 「정치적 감정들Political Emotions」 「사랑의 지식Love's Knowledge」 「인간성 계발Cultivating Humanity」 「성과 사회정의Sex and Social Justice」 「선의 허약성The Fragility of Goodness」 등 수많은 책을 썼다.

심상정

2016년 6월, 프랑스에서 유니세프 아동친화도시 연차 회의가 열렸다. 아동이 존중받는 도시를 만들기 위해 전문가와 행정가 들이 모였다. 그 가운데 한 작은 도시에서 온 시장이 사례를 발표한다. 인구 2만 명 남짓의 프랑스 작은 공동체의 놀라운 변화에 관한 내용이다. 어느 날 도시로 2000명의 난민이 유입됐다. 기존 주민의 10퍼센트에 달하는 인구다. 이미 주변 도시에서 쫓겨난 유랑민 신세들이었다. 시장은 그들을 외면할 수 없었다. 그들 무리 속에 있는 300여 명의 아이들 때문이었다. 시민은 서둘러 난민 캠프를 설치하고, 건물을 짓고, 인간다움을 되찾을 수 있도록 지원하는 자원을 마련했다. 아이들이 보호받고 교육받을 권리를 이어갈 수 있도록 몇 달이고 쉼 없이 매달렸다.

회의가 끝날 무렵, 사회자는 아동이 존중받는 도시를 만들기 위해 무엇이 필요한지를 참석자들에게 물었다. 저마다 정책, 참여, 행동, 단결, 의지 등을 강조했다. 마지막으로 난민에게 문을 연 시장의 차례가 되자, 그는 차분한 목소리로 대답했다. "용기입니다."[1]

공존의 미래를 위해 오늘 우리는 어떤 선택을 해야 할까? 무엇이 되었건 갈등과 경쟁, 억압을 줄이는 선택에는 용기가 필요할 듯하다. 오늘 우리는 당장 떠먹을 밥그릇 챙기기도 어려운 환경으로 떠밀리고 있다. 그래서 더 용기를 내자고 말하고 싶다. 그리고 그 용기는 사회의 우선순위를 만들어가는 정치적 선택 속에서 실체적 힘을 갖춘다. 용기 있는 선택을 실천할 지도자를 선택할 용기. 그것이 세상에 기회를 가져다준다. 2017년 6월 18일, 정의당 심상정 의원을 만나 기울어진 운동장 곳곳을 메울 정치를 이야기했다.

●

실존적 페미니스트

—

페미니스트세요?

페미니스트죠.

오래, 깊이 생각해봤나요?

그리 많은 시간 생각하진 않았습니다. 저는 한 번도 여성운동의 영역에서 여성 운동가로서, 페미니스트라고 스스로 주장하거나 호명된 적이 없어요. 그렇지만 여기까지 오는 동안 제 삶 자체가 저를 실존적 페미니스트로 만들었다고 볼 수 있죠.

엄마였고, 부인이었고.

그뿐만이 아니라 태어났을 때부터 그랬어요. 우리 가족이 2남 2녀인데 늘 가부장제 집안이었어요. 부모님은 오빠들 중심으로 모든 자녀 교육 정책을 폈고요. (웃음) 우리 집안 4형제가 재수한 걸 다 합치면 13수예요. 부모님이 아들 좋은 대학 보내는 데 집착했기 때문에 재수, 삼수, 사수를 시켰죠. 그렇게 아들한테 집중하는 동안 막내인 저는 제가 알아서 컸어요. 집안에서도 주변인이었죠. 대학도 남녀공학을 다녔는데, 학생운동권에서 여성들은 늘 뒷전이었고, 주변부였어요. 노동운동도 25년을 했는데, 상당 기간을 전국금속노동조합에서 일했거든요. 여기도 90퍼센트 이상이 남성이에요. 늘 경계에서 몸부림치지 않을 수 없었죠. 제가 여성이라는 점을 자각하지 않을 수 없었고요. 단지 개인이 돌파하는 게 아니라, 여성의 힘을 조직해서 그 벽을 깨려는 노력을 하지 않을 수 없었습니다.

예를 들면, 대학교 때는 총여학생회를 만들었죠. 서울대 총학생회에 여성국이라는 공식 기구가 있었어요. 그렇지만 총학생회와 별개로 총여학생회를 만들었고, 학회 운동권 모임도 여학생 학회를 따로 만들었죠. 그렇게 저항했습니다. 노동운동을 할 때도 30퍼센트 할당제에

손댔죠. 그리고 민주노동당에 들어가서는 비례 1, 3, 5의 홀수 번호를 여성으로 배정하는 내부 투쟁을 벌였어요. 마침내 민주노동당은 처음으로 비례 홀수를 여성으로 배정하는 결정을 내렸고, 이를 계기로 정치권에서 제도화가 된 겁니다.

2017년에 비로소 '비례대표 홀수 번호 여성 의무 배치'가 명문화되었습니다. 말씀 중에 네 남매가 이룬 13수의 대입 대장정은 정말 인상적이네요. 집집마다 고난의 입시 스토리가 있죠.
그 이야기를 하면 우리 형제들이 싫어해요. (웃음)

제가 중3 때인 1985년에도 공부 잘하는 딸들은 명문 상업고등학교에 진학했습니다. 일찍 사회로 나가 가정을 돌봐야 했고, 스스로 대학을 포기할 만큼 오빠나 남동생 대학 뒷바라지가 당연했던 시절입니다. 그래서일까요. 우리 이모 세대는 박근혜가 당선됐을 때, 벅차게 환호했어요. 여성이 최고 통치권자의 자리에 올랐다는 사실만으로도 해묵은 숨을 토해내는 시원함이 있었습니다.
그렇죠.

게다가 비혼 대통령이 나오니, 결혼 안 한 50, 60대 선배들은 그때까지 듣던 노처녀 소리도 덜 듣게 됐고요. 결혼하지 않은 여성을 대놓고 격하시키던 문화가 조금은 조심스러워졌습니다. 이런 상황을 놓고 볼 때, 박근혜 전 대통령에 대한 기대와 응원을 여성으로서의 자각이 일어난 현상이라고 볼 수 있을까요? 억압받아온 과거를 대신해 여성 정치인의 성공을 통해 새 질서를 만들겠다는 페미니즘적인 각성으로 받아들일 수 있을지 궁금합니다.

전혀 아니죠. 박근혜 씨의 삶에 여성으로서 어떤 한계를 느끼거나, 그 벽을 스스로 뚫어야 하는 과정은 없었다고 생각해요. 박근혜 씨가 신한국당의 리더가 되고, 대통령까지 될 수 있었던 가장 큰 배경은 아버지 박정희 전 대통령입니다. 박근혜 리더십의 핵심은 아버지 박정희의 존재라고 할 수 있죠.

그에게 여성주의적인 관점이 매우 부족했다는 사실은 그가 대통령이 된 후에 증명됐습니다. 일반 여성의 삶에 대해 전향적인 정책이나 관심을 드러내지 않았어요. 특히 세월호 이후 보여준 모습은 여성성과는 거리가 멀었죠. 모든 국민이 가슴 아파했습니다. 모성 때문에도 여성들에게는 수장되는 아이들에 대한 어쩔 줄 모르는 절규 같은 게 올라왔는데요. 그런데 박근혜 씨는 냉혈한이었죠. 여러 모로, 박근혜 전 대통령은 생물학적으로 여성이긴 하지만, 여성성은 화석화된 사람이 아닌가 합니다.

정치에서 유리천장 깨기

—

여성성을 자각하고 여성의 삶을 보살피는 정치에 마음을 쏟지 않았기에 그 리더십이 발휘될수록 오히려 여성들이 더 분노하고 좌절했다고도 봅니다.

앞서 여성 비례대표 할당제에 대해 언급했는데, 외국도 내각을 꾸릴 때 여성 대 남성의 비율을 5대 5로 한다든지, 의회에서 여성 의원 비율을 따져본다든지 수적 균형에 신경을 쓰는데요. 이 또한 생물학적인 여성에만 집중하는 건 아닌지요? 여성성을 검증하는 장치 없이 단지 여성이라는 성만 소비되는 정치일 수도 있다고 봅니다.

저는 일단 여성성을 이야기할 때 우리 정치에서—사실 어느 분야건 마찬가지이지만—성주류화 개념이 중요하다고 봅니다. 그러니까 여성이기 때문에 차별받아서는 안 된다는 거죠. 우리 정치에서는 '여성성'이라는 것이 1차적으로는 차별로 다가옵니다. 정치판에서만이 아니죠. 대한민국 전체에서 그렇습니다. 예를 들면, 현재 선거제도나 정치제도는 남성 중심으로 되어 있어요. 그 이야기는 여성이 갖고 있는 특수성이나 여성의 존재론적 조건이 남성의 그것과 동등하게 배려받고 있지 못하다는 의미죠. 지역구에서 당선되려면 돈과 조직이 있어야 합니다. 특히 한국사회에서 조직은 주로 혈연·지연·학연이 기초를 이룬단 말이에요. 저도 막내이지만, 종친회나 친인척 경조사를 챙기는 혈연사회에서 거버넌스, 정치와 관련된 결정들은 '오빠'나 '남편'이 관계하지 여성이 관계하지 않아요.

정치 시스템으로 뻗어가는 과정이 남성 중심적이라는 거죠?

그렇죠. 우스갯소리를 좀 하면, 제가 비례대표로 국회의원이 처음 됐을 때 의원실에 들어가니 축하 화환들이 왔어요. 저는 25년간 노동운동을 했고, 존재론적으로 페미니스트일 수밖에 없었기 때문에 여성계하고도 많은 교류를 해왔습니다. 그런데 노동운동이나 여성계에서는 화환이 온 적이 없어요. 제일 먼저 도착한 축하 난이 이씨 종친회였죠. (웃음) 심씨 종친회만 돼도 제가 이해를 하겠는데…… 이씨 종친회가 왜 나한테?

이씨 며느리!

그렇죠. 한참 있다 생각해보니까 제가 이씨 집안의 며느리였어요. 그래서 이씨 종친회에서 제일 먼저 온 거죠. 그다음에 심씨 종친회에서왔어요. 두 번째 화환이. 세 번째 화환은 파주 향우회에서 왔어요. 이튿날 아침에는 대학 동창회에서 왔고요. 한 대 맞은 것 같더라고요. 현실 정치인이 되고 나서 제일 먼저 받은 세례가, 혈연, 지연, 학연순으로 온 축하난이라니. 이 세 가지가 한국 정치를 지배하는 거대한 힘이에요. 아직까지도.

가부장제 사회에서 형성된 사회적인 힘, 권력, 거버넌스는 주로 남성중심으로 되어 있는데, 이 벽을 여성들이 뚫기는 대단히 어렵죠. 그렇기 때문에 지역구에서는 당선이 안 돼요. 그래서 비례대표제 확대를 강력하게 주장할 수밖에 없는 거죠. 정의당을 제외하면 각 정당에서여성들이 주요 당직에 중심으로 나서는 일이 매우 어려웠습니다. 박근혜 씨가 당대표가 된 게 어쨌든 긍정적인 효과가 있었다고 생각해요. 그가 여성의 힘으로, 여성성을 리더십으로 발현해서 당대표가 된 것은 아니지만, 적어도 여성이 당대표가 될 수 있다는 유리천장 깨기 효과는 보여줬다고 긍정적으로 평가했죠. 그 후에 제가 대표가 되고 추미애 의원도 대표가 되고 이혜훈 의원도 바른정당 대표로 출마하고, 우리 당에서도 다시 여성이 출마했어요.

이렇게 여성들의 공간은 넓어졌습니다. 하지만 전반적으로 당 내에서는 여전히 주요 당직이나 권력을 행사하는 자리가 남성 위주이고, 여성은 당내 정치에서 희생양이 되는 경우가 많아요. 예를 들어 상임위원회 하다가도 좀 뭐하면 같이 화장실로 몰려가요. 여자는 쫓아 들어갈 수 없죠. 거기서 대충 입 맞춰서 나오고……. 이런 일이 일상화되어 있기 때문에 기성 정치의 기술적 자원을 많이 갖고 있어요, 남성들은.

21세기 들어 세계 곳곳에서 여성 후보를 전략적으로 내세우는 움직임이 있습니다. 상대 진영이 남성 후보를 냈을 경우, 여성을 공격하는 데 부담을 느껴 공세 수위를 낮추리라는 계산을 한다고 하는데요. 여성 정치인에 대한 대중의 거부감이 줄어들면서 더 그렇죠. 유럽을 비롯한 서구 보수 진영에서 21세기 들어 시도하는 방식도 그렇습니다. 여성과 젊은 남성을 전진 배치하면서 보수 이미지를 세탁했죠. 권위적이고 가부장적인 아버지가 아닌, 친구 같은 아버지상을 가져가려는 전략이죠. 미디어 선거 시대에 여성과 청년이 액세서리 정도로 소모된다는 생각이 듭니다.

기성 정당에서는 여성이 지금도 그런 식으로 많이 소모됩니다. 당은 다르지만 저와 가까운 중진 여성 의원이 있는데, 섭섭함을 말할 정도로 속을 터놓고 지냅니다. 그분이 남성 중심 정당 구조에서 번번이 차별을 받는다고 속상해했어요. 같은 당에 학교 때부터 잘 아는 여성 의원이 있는데, 대학에서나 사회에서나 한 번도 상대보다 본인이 부족하다는 생각을 한 적이 없답니다. 그런데, 정치에 들어오니까 자꾸만 밀린다는 거예요. 당직 발탁, 국회의장이나 당대표의 해외 사절단 파견에도 늘 그쪽이 뽑힌다는 거죠. 그 이유가, 외모 때문이라는 겁니다. 여성 정치인은 실력보다 외모를 더 따지려 드는 남성 문화죠. 대변인을 해도 얼굴을 먼저 보니 그쪽으로 기울고, 남성 당대표나 유력 정치인들은 예쁜 여성을 옆에 세워야 좋다는 표현을 대놓고 입에 올리죠. 부정할 수 없는 현실이었습니다. 민주당에서조차 그랬어요. 박근혜 당대표를 선택한 여성 정치인 가운데는 이런 남성 정치인들의 행태에 저항하고자 한 이들도 있습니다. 외모 중심으로 여성 의원을 평가하는 문화에 한이 맺혀서요. 박근혜 씨 옆에는 예쁜 의원이 필요 없잖아요. [그러나 대통령이 되고 리더십에서 자신들과 정치 이념이 맞지 않으니까 다들 돌아서게 됐죠.] 공적 영역에서 여성으로서의 자존감이 확실했기 때문에, 여성 의원들이 박근혜 당대표 시절 그런 선택을 했다고 봅니다.

지방정부의 시의회, 군의회는 토호 문화가 있어 그럴 수 있다 해도 중앙 정치는 형식을 갖추었겠거니 했는데, 가부장적인 문화가 짙네요.

정의당을 비롯한 진보 정당도 우리 사회의 일부이니까 그 안에는 우리 사회의 모든 것이 있죠. 단 정의당은 미모를 소비하려 한다든지, 여성을 이미지로 소비하려 하지는 않습니다. 그런 점이 다른 당에 속한 여성보다 우리가 심리적으로 더 자존감이 높은 이유예요.

민주주의와 여성의 목소리

—

제가 만나온 여성 지성들은 여성성을 이야기할 때, 생물학적인 여성을 말하기보다 여성이 더 관계 지향적이고, 약자의 사정에 깊이 공감해온 삶의 경험을 갖고 있다고 짚었습니다. 여성성을 우리 사회를 공존의 사회로 이끌 대안이라고도 하고요. 그런데, 가부장적인 질서 속에 있는 사람들은 여성성을 자칫 모성으로 해석하려는 경향이 있습니다.

모성은 아니죠.

정치에 있어 여성성이란 무엇일까요?

저는 민주주의라고 생각합니다. 여러 나라에서 여성이 처한 정치·사회적인 배경은 다 다릅니다. 그럼에도 여성 정치인으로서 제게 여성성이 중요한 이유는 민주주의를 실현하기 위해서예요. 샤츠 슈나이더라는 유명한 정치학자가 "다수 지배의 원칙을 부정하는 민주주의는 없다"는 말을 했습니다. 그런데 우리 정치는 오랜 세월 소수를 위한 정치였고, 다수가 배제된 정치였죠. 그중 절반의 다수가 여성입니다. 저는 민주정치가 해결해야 할 많은 과제 중에서 여성을 배제하고 이뤄질 수 있는 것은 없다고 분명하게 주장합니다. 여성을 배제한 민주주의는 독재 혹은 전제정치예요.

정치를 하면서 왜 우리 정치는 국민에게 불신을 받을까 고민했어요. 답은 정치가 '나의 삶'에 대해 이야기하지 않기 때문이었습니다. 시민의 삶이 중심 의제가 되지 못했기 때문에, 이런저런 안은 모두 면피용 발언이었던 거죠. 정치 세력들이 이해관계를 놓고 담합하는 데 매몰된 정치였어요.

실제로 정치 영역에서 시민의 삶이 거론되지 않는 가장 큰 이유는 여성이 배제되기 때문입니다. 정치 공간에서 여성이 소수이기 때문이죠. 우리나라는 세계에서 가장 심각한 저출산 국가입니다. 그러면 정치가 다뤄야 할 중심 의제는 출산과 육아가 되어야 마땅하죠. 그런데 왜 그렇지 못할까요? 비단 출산뿐만이 아닙니다. 환경, 교통, 복지 모두 마찬가지예요. 미세먼지 하나만 보더라도 아이들을 유치원에 보내고, 데려오고, 육아를 주로 책임지는 이는 대부분 여성이에요. 어르신을 모시는 이들도 여성입니다. 미세먼지가 우리 생명과 인간의 존엄성을 어떻게 심각하게 훼손하는가를 가장 절실하게 느끼는 이가 바로 여성이죠. 그럼에도 우리 정치에는 여성성이 배제되어 있습니다.

생활 속 의제를 절실히 아는 여성의 목소리가 정치의 중심에 놓일 수 없는 남성 중심의 정치 구조를 지적했는데요. 이는 단지 여성의 몸을 가진 정치 세력이 배제되었기 때문이라기보다 여성이 산업구조 속에서 가장 단가 낮고 미심쩍은 노동력이라서 모든 정치인의 관념에서조차 배제된 게 아닐까요?

그건 결과이면서 원인이기도 하죠. 제가 구로공단에 처음 갔을 무렵인 1980년대 초, 아주 재미있는 투쟁이 있었어요. 1970년대 민주노조 운동을 했던 여성들이 구로공단에서 임신 투쟁을 했습니다. 굉장한 아이디어였죠. 노동법에 60일 산전 산후 휴가가 있는데, 사문화되어 있었습니다. 그때까지만 해도 여성은 시집가기 전까지만 직장에 다녔어요. 결혼해서 감히 배를 남산만큼 내밀고 직장에 나온다든지, 여성에게 휴가나 휴직을 보장하는 일은 결코 일어날 수 없는 시절이었죠. 하지만 법에는 이미 다 있었습니다. 1953년도에 미국 노동법을 그냥 베껴서 만든 거니까요. 주체의 투쟁을 통해 쟁취한 조항이 아니라, 시혜로 주어진 조항이었습니다. 적용이 안 됐어요. 그래서 여성들이 개별적으로는 도저히 그 벽을 뚫을 수가 없는 거예요. 법적 투쟁을 해야 할 사안이었지만, 임신한 여성 개인이 법보다 가까이 있는 주먹을 피할 방법은 없었죠. 그래서 간부 몇 사람이 동시에 임신을 했습니다. 같이 배를 내밀고 출근을 한 거예요. 회사 정문을 통과할 때, 남자 관리자들부터 시작해서 쌍욕도 나오고 험악했습니다. 하지만 노조 간부들이기도 했고, 여럿이 배를 내밀며 보란듯이 들어오니까 사람들이 그 위세에 눌렸어요. 사람들은 나약한 개인이라고 여기면 사정없이 몰아

세우지만 노조가, 투쟁의 일환으로 한다고 하면 긴장하잖아요. 그들은 노동법을 실효적으로 되살리는 결과를 만들어냈습니다. 언니들의 임신 투쟁을 굉장히 인상적으로 봤어요. 출근 투쟁할 때 앞에 가서 지켜보기도 하고 그랬죠.

리베카 솔닛이 묻더라고요. "한국은 언제부터 여성이 투표하게 됐죠?" "아! 우린 나라 생길 때부터 다 했는데." (웃음) 그랬더니 김샌 표정이었어요. 자괴감이 들었습니다.

결국은 이거예요. '권리는 누가 주는 것이 아니다.' 권리는 주권자들이 직접 참여하고 획득해가는 과정을 통해서 얻어지는 거죠. 민주주의의 가장 중요한 전제가 참여, 권리, 책임이라는 겁니다.

정치—가능성의 예술

—

2014년 지그문트 바우만에게 오늘날 세계의 핵심 문제가 무엇이냐고 물었더니, "정치와 권력의 이혼"이라고 답했습니다. 권력이 무엇이냐고 재차 물었죠. 일이 되게 하는 능력이라고 하더군요. 우리에게 힘이 있다면 욕망하는 대로 일을 만들 수 있다는 거죠. 그럼 정치는 무엇이냐고 되물었습니다. 선택이라고 했죠. 정치는 지금 무엇을 해야 할지 결정하는 능력이라고요. 그런데 우리가 국가적으로 결정을 내린다 해도 이미 권력은 세계화되었기에, 어디선가 우리의 선택과 다른 결정을 할 수 있다는 겁니다.

촛불을 들고 국가권력에 저항하지만, 지속적으로 완급을 조절하며 나를 죄어오는 권력은 현재 월가, 혹은 화석연료와 군수산업을 틀어쥔 바다 건너의 과두권력인 거죠. 그런 현실 앞에 개인은 막연함을 느낄 수밖에 없습니다.

이미 세계화된 자본의 힘 아래 있으니 국민국가의 권력은 무기력하고, 옛 시대의 이야기라는 건데요. 저는 좀 과도한 해석이라고 봅니다. 특히 우리 현실에서는 더 그렇다고 생각해요. 노무현 대통령도 그런 실수를 범했다고 여깁니다. 권력이 시장으로 넘어갔다고 했잖아요. 하지만 우리 권력은 완전히 시장으로 넘어간 것도, 완전히 관료들에게 장악된 것도 아닙니다. 그보다는 권력을 잡아서 선용할 준비가 된 정치 세력이 등장하지 못한 것이 더 문제라고 봅니다. 예를 들면 국민국가를 기준으로 볼 때, 미국 같은 유형도 있고, 유럽 국가들 같은 유형도 있고, 대한민국 같은 유형도 있어요.

대한민국 같은 유형은 뭐죠?

대한민국은 민주주의 연령이 30세이지만, 아직 민주주의의 기본 질서, 법치가 확립되지 못한, 정상적인 민주주의 국가로 자라지 못한 유형이죠. OECD 국가 중에 경제 규모로는 10위권이지만, 삶의 질로는 최하 수준이잖아요? 출산율은 OECD뿐 아니라 전 세계에서 최하위고요. 저는 그 핵심 문제가 성숙하지 못한 민주주의에 있다고 봅니다. 국민국가 권력을 무기력하게 보는 바우만의 견해가 과도하다고 여기

173

죠. 유럽과 미국, 또 각각의 국민국가에 사는 사람의 삶이 다르고, 제도가 다르고, 그들이 놓인 인권과 자유가 다른 것은 정치가 다르기 때문이라고 생각합니다.

저는 정치를 가능성의 예술이라고 봐요. 완벽하지는 않을지언정, 가능성을 키워낼 수 있다고. 그래서 여전히 정치의 가능성을 매우 크게 보죠. 정치를 통한 변화가 가장 확실한 길 아닌가 생각합니다. 대한민국 사회를 기준으로 놓고 볼 때, 우리에게는 권력을 선용할 정치를 경험해본 시간이 턱없이 모자랐어요.

아직 우리 손에 권력을 쥐어보지 못했다는 건가요?

네, 정당정치가 취약하기 때문입니다. 우리나라 정당은 시민혁명을 통해서 만들어진 게 아니에요. 시민이 한 번도 왕의 목을 쳐보지 못한 나라입니다. 우리나라 정당을 처음 만든 주체는 바로 국가예요. 이승만 정권 시절에 민주주의를 하려면 정당정치가 되어야 하니까 정당을 만든 거죠. 국가 파생 정당으로 탄생한 겁니다. 그런데, 당이 하나만 있으면 독재가 되니까 그 반대당도 만들었어요. 대한민국 양당 정치의 기원입니다. 유럽처럼 그 사회의 가치나 국가 비전을 놓고, 이념과 노선 논쟁을 해가면서 지지를 획득해온 현대적인 정당 체제가 아니죠. 그래서 우리 정치는 늘 반대 정치였습니다. 여야만 존재했지, 서로 다른 이념과 노선이 제시되지 못했어요. 결국 지금 보수와 진보라는 구도도 냉전 체제 이념 대결의 지형을 따라 나뉜 거라고 봅니다. 친북이냐 반북이냐, 친미냐 반미냐 하는.

시민이 선택지를 갖지 못했다는 건가요?

그렇죠. 주권자의 삶을 이해하고, 비전을 제시함으로써 지지 기반을 갖추고, 이념과 노선을 갖춘 정당 체제가 아니었습니다. 국가가 만든 정당과 그 반대당으로 출발해서, 오히려 시대 변화와 국민의 요구를 포획하는 방식으로 여기까지 왔습니다.

신자유주의가 시작되면서 많은 정치 사상가가 좌절을 겪었어요. 신자유주의에 사상적으로 지나치게 압도되면서 말입니다. 앞서 말했듯이 저는 바우만과 생각이 좀 다릅니다. '큰 틀에서 볼 때 정치가 결코 세계화된 시장과 자본의 벽을 넘지 못할 것이라고 단정하는 것은 정치의 힘을 과소평가하는 것이다. 그리고 정치에는 세계화된 시장의 힘을 다시 분할할 힘도 있고, 극단적인 양극화를 해소할 힘도 있으며, 또 우리 사회처럼 저출산 국가의 한계를 극복할 힘도 갖고 있다. 거꾸로 정치는 전쟁을 일으킬 힘도 있고, 보호무역주의로 회귀할 힘도 있다.' 저는 그렇게 봅니다. 시장은 세계화되었지만 정치는 기본적으로 국민국가의 틀 안에서 작동하기 때문입니다.

신자유주의에 사상적으로 압도됐다는 의미를 이해하면서도 아쉬움이 남는 지점이 있습니다. 한국에서 미디어나 사회활동을 하는 이들과 이야기할 때면, 한국 상황은 좀 특수하다는 말을 자주 듣습니다. 세계화에 압도되지 않았다는 자신감으로 들리기보다는 무기력감을 느끼게 하는 얘기죠.

신자유주의든 자유주의든 무엇이든 간에 국민국가 안에서 권력의 작동 범위는 결국 주권입니다. 민주주의 제도 안에서는 주권자가 선택하는 것이기 때문에 주권자들의 삶과 인식에 의해서 모든 것이 조정되죠. 이론적으로는 그렇습니다. 정치와 주권자들의 관계 설정이 어떻게 되어 있는가에 의해 규정된다고 봐요. 바로 그 점에서 촛불 혁명을 통해 탄생한 문재인 정부의 목표는 적폐 청산을 이뤄가며 정상 국가로 가는 것이 됐습니다.

이번 촛불 시민혁명으로 우리 국민은 세계에서 가장 민주주의를 잘할 개인들이라는 것을 확인시켜줬다고 봅니다. 저처럼 사민주의 복지국가를 모델로 하는 사람들은 정치의 적극성을 높이 평가하는 편이죠. 저는 사민주의를 하나의 이념으로 보기보다는 성공한 모델로 보는데요. 특정한 이념적 지향이 아닌 국민의 삶의 질을 높인 가장 성공한 모델이라는 겁니다. 정치가 발휘할 수 있는 최대한의 적극성이 발휘된 결과예요. 정치는 주권자들의 신뢰를 받아야 권력을 위임받을 수 있기 때문에 정치의 적극성이라는 것은 결국 주권자들과의 소통인데요. 사민주의 국가의 번영은 최대 다수의 주권자와 가장 성공적으로 소통함으로써 얻어진 결과라고 봅니다. 소통의 범위를 축소하면 축소할수록 과두 지배가 되고, 독재가 되니까요.

소수가 권력을 독점하는 권위주의적인 조직이라면, 그 구성원이 100명이어도 한 명이 통치하는 것과 같죠. 그 폐해를 이명박–박근혜 정부에서 여실히 보아왔고요.

정치적 선택은 기득권과 권력 자원을 가진 사람들에 의해 결정되잖아요. 여기에 복지국가는 가진 사람의 사회적 책임을 매우 강조하는 국가 형태입니다. 세금을 많이 내야 하죠. 기득권층이 가장 많은 사회적 책임을 지는 국가 체제라고 할 수 있습니다. 여기서 책임을 설득해낼 수 있는 힘은 시민의 힘뿐입니다. 그것을 감히 꿈꾸고 실현시켜낸 모델이 저는 유럽 복지국가라고 봅니다. 실제로 복지국가로 가고 공정사회로 간다는 것은 우리 사회의 강고한 기득권층의 사회적 책임을 극대화할 때 가능한데, 이분들이 과연 그런 의지를 가지고 있느냐? 없어요. 복지국가로 가려 하지 않죠. 못합니다.

많은 국민이 정권이 바뀌어도 삶이 크게 달라지지 않는다는 불신을 갖고 있습니다. 민주당과 액면가 정책으로 보면 많이 비슷한데 왜 정의당은 정의당대로 따로 정치를 하느냐고 물으면, 저는 이렇게 대답합니다. 국가 비전이 다르다고. 우리는 개별적인 낱개의 복지 정책에 주목하지 않습니다. 우리는 공동체의 선택으로 복지국가 모델을 우리의 미래로서 선택하고자 하는 정당입니다.

간디주의자로 세계 평화운동가들에게 존경받는 A. T. 아리야라트네는[2] 한국의 지도자에게 당부했습니다. "The last, the first." 가장 마지막에 있는 자를 가장 우선시하라는 뜻입니다. 마지막에 있는 자가 편안할 수 있는 조건이라면, 그보다 나은 위치에 있는 모두가 이득을 본다는 의미인데요. 그럼에도 한편으로는 현실 정치에서 그런 선택이 가능할까 의문이 떠나지 않았습니다. 정치인들은 자신의 대표성을 판단할 때 어디까지 책임질 것인가를 재며 대중의 범위에 선을 긋는다고 봅니다. 그 선, 어디에 놓습니까?

아리 박사의 조언은 이상주의적이라고 봅니다. 종교와 정치에 차이가 있다면, 종교는 신념 윤리가 중요하지만 정치는 책임 윤리가 중요해요. 그래서 솔 알린스키 같은 미국의 사상가는 정치에서 "타협은 보통의 승리다"라고 말했습니다. 타협은 보통의 승리다. 진보주의자들이 아무리 약자를 대변한다고 해도, 자기들의 주장에서 가장 마지막에 있는 자를 정치의 복판에 놓는 건 가능하지 않다는 거죠. 5000만 국민의 이해관계를 조정하는 일이 정치입니다. 그러면 그 이해관계를 두고 어떻게 합의를 도출해낼 것인가가 중요하죠. 그래서 타협을 이뤄내는 것을 승리라고 말합니다. 혁명과 정치가 다른 점이 있다면, 혁명은 꺾는 겁니다. 그런데 정치는 이기는 것이 아니죠. 굉장히 중요한 정치의 명제라고 생각해요.

혁명은 뒤이어 반동이 오고요.

그렇죠. 항상 반동이 있죠. 혁명은 무찌르고 이겨서, 자신의 권력으로써 반대 세력을 억누르며 비전을 실현해가는 작업이라 볼 수 있는데요. 정치는 혁명과 다릅니다. 정치는 100퍼센트가 아니어도 사회적인 대타협으로 국가 비전을 이뤄내려 하는 과정입니다. 그 타협이 보통의 승리이고요. 내 뜻대로 되면 완벽한 승리이지만, 그러지 못하더라도 타협을 이뤄낸다면 정치에서는 승리예요.

가치와 비전 중심의 정치, 그것이 현대적인 정당 체제라고 봅니다. 권력을 잡는 것 자체만을 목적으로 삼기보다, 공당으로서 사회적 공기로서의 정당이 되겠다는 지향을 가져야 한다고 봅니다. 유럽 사람들은 노동당이나 사민당이 집권했을 때 어떤 정치가 펼쳐지리라 예상합니다. 이들의 가치나 비전이 무엇이고, 현안에 대해서 어떤 정책이 나올지를 짐작할 수 있죠. 물론 그때그때 상황에 따른 정책이 더 구체화될 수는 있겠지만 대략적으로 방향성을 알기에 유권자들은 자신의 상황에 맞게 선택을 합니다.

그런데 우리 정당 체제는 이념과 지지 기반을 갖춘 정당 체제가 아니라, 한마디로 말하면 캠프 정당 체제예요. 예측이 불가능하죠. 유럽이나 미국 같은 선진 국가에 대통령 후보 한 사람 때문에 쪼개졌다 붙었다 하는 정당이 있습니까? 없어요. 물론 최근 프랑스에서 새로운 정당을 창당했지만, 유권자들이 마크롱을 대통령으로 당선시킨 건 맥락적으로 사회·정치적 변화과정을 인지했기 때문입니다. 한국은 어떻습니까? 국민의당이 왜 존재할까요? 안철수 씨가 대통령이 되고 싶어서 만든 겁니다. 민주당과 어떤 이념적 차이도 없어요. 그렇기 때문에 실패한 거 아니겠습니까? 안철수 씨가 대통령이 되려면 보수 주자가 되어야 하는데, 지지 기반은 호남이고 이 지점에서 문제가 어그러지니까 정권을 잡는 데 실패한 겁니다.

정당정치의 비전

—

캠프 정당이라 하면 선거라는 한시적인 목적에 의해서 꾸려진 결합이라는 거군요.

정치학자들은 정당을 일러 민주주의의 한 요소가 아닌 민주주의의 엔진이라고 부릅니다. 민주주의의 동력이죠. 그런데, 대한민국은 국가 파생 정당으로 출발해서 아직까지 캠프 정당 수준에 머물러 있어요. 우리나라 정치가 불신받는 가장 큰 이유가 바로 정당이 부실하기 때문입니다. 엔진이 고장 나서 민주주의가 힘 있게 못 가는 거죠. 핵심은 정당입니다. 저는 정당에 대한 매력 때문에 정치를 합니다.

정당의 가치가 튼튼해야 정치인이 뜻을 펴는 데 지속성이 있다는 뜻인가요?

제가 오랫동안 유치장 생활을 할 때인데요. (웃음) 학생운동 하고 노동운동 할 때, 유치장에서 오래 살았어요. 우리는 그걸 꼼징역이라고 하는데, 한 번 잡혀가면 일주일, 두 번 잡혀가면 무조건 보름, 세 번 잡혀가면 29일 이렇게 구류를 삽니다. 세 번째 이후부터는 매번 한 달씩 사는 거예요. 그래서 6개월을 유치장에서만 지낸 적도 있었어요. 그

때 누군가 제게 책을 보내줬는데, 안토니오 그람시의 『옥중수고Prison Notebooks』라는 책이었습니다. 너무 난해해서 재미가 없었어요.

당시엔, 은밀하게 작업해야 하니 번역 문제도 있었겠죠.

번역과정도 시원찮을 수 있는 시절이죠. 그럼에도 그 책에서 영감을 일으킨 부분이 있어요. 정당에 대한 개념입니다. 그람시가 정당은 "현대의 군주"라고 했습니다. '현대의 군주? 이게 도대체 무슨 말인가?' "정당은 부분을 대표하고 전체를 지향한다." 그때 제가 대학교 4학년이었는데요. 그람시가 써놓은 많은 이야기 가운데 그 부분이 확 다가왔죠. 군주제하에서는 군주가 모든 걸 결정하잖아요. 그런데, 민주주의가 됐어요. 시민이 주권을 가진 사회에서는 군주가 했던 통치를 누가 할 것인가? 군주가 했던 통치의 기능을 고민하는 과정에서 보완된 것이 바로 정당이라는 겁니다. 무슨 말인가 하면, 민주주의 국가에서는 어떤 경우에도 개인에게 권력을 줄 수 없다는 말입니다. 정당의 개념이자 존재 이유죠.

대한민국의 정당은 대한민국에 사는 5000만을 골고루 대변하는 정당이어야 합니다. 그러면서도 국가 전체를 지향하는 비전을 가져야 하죠. 그람시의 '현대의 군주'라는 정당의 개념에서 출발해 굉장히 많은 상상력을 이어가게 됐습니다. 처음으로 민주주의 정치를 이해하게 됐어요. '하! 정당이 이렇게 중요한 거구나. 정당이라는 것이 혁명과 달리 너랑 나랑 싸워서 너를 무찌르고 이기는 것이 아니구나. 또, 어떤 정당은

5000만 국민 가운데 일부를 대변하면서 국민 전체를 대변한다고 그러는데, 그런 정당은 가짜다! 그건 현대적 개념이 아니다'라는 생각에 도달했습니다. 우리가 노동자 서민을 대변한다고 해서 노동자 서민의 이익만을 주장한다면 그것 역시 이익집단이지 정치가 아니라는 결론을 얻었습니다. 정당은 공당으로서 국민의 어떤 부분을 대표하면서도, 전체를 지향하는 이념과 비전을 갖춰야 한다는 생각에 도달했죠.

이제 정치를 한 지 17년 됐는데, 그동안 회의가 드는 부분이 있어요. 여야를 불문하고 주요한 정치 지도자들 중에 좋은 정당을 만드는 데 관심을 갖는 사람을 보지 못했다는 점입니다. 이런 허전함을 누구하고 상의할 데가 없었습니다. 언론 인터뷰를 해도 이런 허탈함에 관심이 없고, 무슨 뜻인지, 왜 중요한지 공감하는 사람을 찾기가 어려웠거든요. 민주주의가 발전하려면 좋은 정당 체제를 갖추어야 하는데, 여야를 불문하고 제대로 된 정당정치에 집중하지 않아요.

정당정치가 잘 작동하지 않으면 제대로 된 사람이 올라오기 어렵고, 시스템도 작동이 안 되며, 결국은 인물만 바뀌는 과두정치가 이어지지 않을까 싶습니다.

지금 우리 정치의 가장 큰 문제는 민의의 전당이라는 국회가 5000만을 골고루 대변하지 못한다는 거예요. 절대다수는 너무나 과소 대표되어 있고, 소수가 과대 대표되어 있습니다. 예를 들면, 김대중-노무현 민주 정부 10년 동안 민주주의와 인권, 정치 개혁에 있어서는 신한국당과 큰 차이를 보여줬지만, 국민의 삶에 있어서는 차이가 없었다는 겁니다.

노동정책을 말하는 건가요?
노동정책뿐만 아니라 복지도 마찬가지죠. 그때 다들 '복지병'이라고 이야기했습니다.

자본 개방을 보면 동일했죠.
그렇죠. 경제 분야, 특히 국민의 삶과 직결되어 있는 분야에서는 차이를 못 느꼈어요. 비정규직법도 당시에 만들어졌고, 정리해고법도, 개방도 그때 다 이뤄졌습니다. 정당이 독자적 지지 기반을 갖추지 못한 채, 이미지 차이나 특정 분야의 정책 차이로 구분됐습니다. 그러다 그것만으로는 국민을 대변할 수 없는 한계에 온 거예요. 그래서 촛불 시민혁명이 일어났고, 촛불 시민은 적폐 청산과 더불어 완전히 새로운 대한민국을 요구하는 겁니다.
새로운 대한민국은 결코 추상적이지 않습니다. 개개인의 삶이 구체적으로 바뀌어야 새로운 대한민국이 됩니다. 불평등과 차별을 해소하자는 추상적인 캐치프레이즈 가지고는 삶이 나아지지 않습니다. 저는 여성을 대변하고 성소수자의 인권을 대변했다고 박수를 받기보다, 우리 사회에서 불평등과 차별에 치열하게 맞서 싸운 정치인이라는 인정을 받고 싶습니다. 차별과 불평등에 맞서 싸우는 과정은 결코 추상적이어서는 안 돼요.

국회가 전체를 대표할 수 있도록 하려면 비례대표를 늘려야 한다는 의견
이 있습니다. 또 비례대표를 뽑아봤자 초선 의원들이니 각자도생하기 위
해 당론에 휘둘리는 거수기가 될 수밖에 없다며 축소를 주장하기도 합니
다. 특히 여성 비례대표 할당제도 비민주적 정당 시스템에서는 여성 정치
인이 소모적으로 이용되는 부분이기도 한데요.

그렇죠. 정확한 지적입니다. 유권자들이 이런 말을 하죠. "저 사람은
정치하기 전에는 정말 확실하고 우리 입장을 잘 대변했는데, 정치인이
되니까 똑같네." 기성 정당의 질서 속에서 생존하기 위해서는 그 질서
를 좇을 수밖에 없기 때문에 그래요. 줄을 서야 하니까. 민주당도 마
찬가지로 줄을 서야 돼요. 우리는 유력 정치인을 좇아가는 명사 정치
에서 크게 벗어나지 못했습니다. 반면 미국은 아무리 오바마 대통령이
탁월하다 해도 민주당의 비전 안에서 움직이는 정권입니다. 유럽도 사
민당 정권이냐 보수당 정권이냐로 정체성이 구분돼요. 앙겔라 메르켈
도 기독민주당-기독사회당 연합을 대표하는 리더십이지 메르켈이 홀
로 중심이 돼서 정당을 만든다는 건 상상할 수 없는 일이죠. 그런데
우리는 선거 때마다 정당이 이합집산을 합니다. 당명을 바꿉니다. 정
당은 책임 정치입니다. 잘못했으면 냉정하게 평가받고 다시 서야 하는
데, 그 책임을 모면하기 위해서 다 뛰쳐나간다든지 당명을 싹 바꿔버
려요. 이런 식으로 계속 국민을 속이는 정치를 해온 겁니다.

구체적으로 상상하기

—

촛불을 겪고, 미국 대선과 한국 대선을 지나오며 정치인에 대해 느끼는 단상이 있습니다. 부조리를 깨고, 세상을 바꾸는 동력은 결국 시민의 몫인가? 개인들이 힘을 모아 세를 만들면 그제야 응답하고 나서는 존재인가? 그럼 개인은 늘 고단한 광장 정치를 해야 하는가?

다시 아리 박사의 조언을 언급해야겠는데요. 저는 이렇게 이해했습니다. 정치는 서로 다른 모든 정치 세력의 이해관계를 조정하는 것이기에 '마지막the last'과 '처음the first'의 개념은 정치 윤리와는 거리가 있다고 봅니다. 다만, 제게 공명을 일으키는 부분이 있었죠. 사회에는 이해관계를 넘어서는 공통의 기반이 있다는 겁니다. 우리 사회가 민주주의 사회라면 인권과 자유, 평등, 평화의 가치를 지켜야 합니다. 예컨대 진정한 민주주의라면 성적 지향으로 인해 차별받아서는 안 됩니다. 적어도 장애인을 물건처럼 등급 매기는 일은 용납되어서는 안 되죠. 이런 부분은 보수와 진보를 떠나 민주공화국의 기본 전제입니다.

안타깝게도 우리는 민주주의를 30년이나 해왔지만, 민주주의의 기본 가치가 개념으로 정립돼 있지 않아요. 장애인 문제도 보통 비장애인과의 이해관계를 따져 n분의 1로 취급하죠. 있을 수 없는 일입니다. 장애인의 마지막에 놓인 어떤 상황을 '처음'으로 존중한다기보다는 기본 전제를 두고 합의를 도모해야 한다고 생각합니다. 인간의 존엄을 지키는 어떤 최저선과 기본 가치는 전제되어야 한다는 겁니다. '가장 마지막에 있는 자'란, 이해관계의 측면에서나 정치 문법으로나 존재하지 않는다고 봅니다. 이해관계는 마지막이든 처음이든 조정하고 타협해야 하니까요.

마지막이라는 위치에 놓인 삶을, 사회적 합의를 이뤄내는 전제로 가져가자는 건가요? 최소한 우리는 이런 사회를 보장하자는 마지노선으로?
그렇죠. 저는 민주주의의 기본 가치, 생명과 인간의 존엄이라는 가치 측면에서 마지막 존재가 가장 먼저 고려되어야 한다고 보고, 이는 정치에서도 가능하다고 여깁니다.

최근 혐오가 거세지며 등장하는 논쟁 가운데 아이덴티티, 정체성 정치가 중심으로 들어왔습니다. 저는 2016년 서울국제여성영화제에서 본 한 장면을 잊을 수 없습니다. 1962년에 만들어진 「여판사」라는 작품을 보고, 여성으로 구성된 패널이 관객과 토론하는 시간이었습니다. 감독, 변호사, 제작자, 판사, 배우가 무대에 자리 잡았고요. 관객들은 여성주의 시각에서 자신들의 경험과 생각을 이야기했습니다.
그때, 한 남성 청년이 발언했어요. "앞에 나와 있는 여성들은 우리 사회에서 기득권을 차지한 사람들이고, 이미 약자로 볼 수 없는 위치에 있다. 지금 청년층은 남녀 불문하고 자리 잡기가 어려운 시절인데, 왜 여성의 입장만 강조하느냐." 순간 한 여성 청년이 손을 들고 일갈했습니다. "여성 차별보다 계급 차별이 더 우선한다는 저런 개소리가 여성 차별을 재생산한다." 놀랐습니다. 여성 차별과 계급 차별 담론이 부딪혀서가 아니라, 공식적인 자리에서 서슴없이 '개소리'라는 표현이 나올 만큼 갈등이 굳어졌다는 데. 청년들 사이에 놓인 이 날선 대립을 어떻게 보나요?

신영복 선생님의 이야기를 전하고 싶어요. 우리 사회에 만연한 혐오에 대해 생각할 때면 떠오르는 여름 감옥과 겨울 감옥 이야기입니다. 겨울 감옥에선 옆사람이 사랑스럽습니다. 옆에 있어 좋다는 거죠. 따뜻하니까요. 냉골 같은 감옥에 온기가 돌겠죠. 그런데, 여름 감옥에선 옆 사람이 혐오스럽습니다. 더우니까요. 열 덩어리가 옆에 있으니 싫죠. 혐오감이 생겨요. 중요한 것은 여름 감옥을 만든 시스템, 여름 감옥을 만든 세력이고 여기에 맞서 함께 싸워야 합니다. 그런데 함께 싸우는 대신, 서로를 미워합니다. 여름 감옥의 피해자들끼리 혐오와 증오를 내뿜고, 확산시킨다는 거죠. 저는 이 부분이 가장 아픕니다.

정의당에서 메갈리아 논쟁이 일었을 때도 마찬가지였어요. 저와 정의당은 옆 사람이 혐오의 대상이 아닌, 여름 감옥에 맞서 함께 연대하고 싸워나갈 사람임을 보여줘야 했습니다. 물론 갈등을 그렇게만 해소하자는 것은 아니었지만. 여성이 여성으로서 받는 고통과 차별에 맞서 스스로의 존엄을 위해 싸우는 모든 실천은 존중되어야 한다고 생각해요. 그런 점에서 여성이 아니라 계급이다, 계급이 아니라 여성이다, 이런 논쟁은 큰 의미가 없죠.

결국은 서로 연대해야 하고, 연대가 어긋나는 부분은 앞서 이야기한 대로 정치 영역에서 타협을 통해 공통의 이익을 실현하는 최선의 방도를 찾아야 한다고 봅니다. 성소수자는 성소수자의 존엄을 위해 치열하게 싸워야 하고, 여성은 여성의 삶을 위해 열심히 싸워야 하고, 계급은 자기 계급의 삶의 조건을 위해서 싸워야 하죠. 그리고 이 부분에서 가장 큰 이익을 만들어내는 방법은 다함께 연대해서 마침내 기득권 질서와 맞서는 것이라고 생각해요. 그 과정에서 작은 이해 충돌이 있을 수 있습니다. 그러나 이 작은 차이가 큰 차이로 전면화된다면, 그 점에는 문제의식을 갖습니다.

모두가 차이를, 스스로의 내면을 억눌림 없이 드러낼 수 있는 세상을 위한 당신의 언어는 무엇인가요?

누구나 자기 삶이 중요하다는 점을 존중받아야 한다고 생각합니다. 청년들이나 여성들을 만나 껴안을 때, 그 친구들이 정말 안쓰러웠어요. 스스로에 대한 당당함이 공격받고 있다고 느꼈기 때문입니다. 거기에 흔들리고, 너무나 많은 고통을 받고 있어요. 멋있게 보이고 싶어서 성형수술을 할 수 있습니다. 그건 자기 선택이에요. 그런데, 취업에서 계속 낙방하는 이유가 쌍꺼풀이 없어서 또는 다리가 늘씬하지 않아서, 좀더 매력적인 표정을 짓지 않아서라고 생각하도록 강요될 때, 모든 '차이'는 끊임없이 차별로 등급화됩니다. 이때 그런 차별을 스스로의 책임이라고 느끼게끔 하는 사회가 지금 우리 청년들이 말하는 헬조선의 핵심이라고 봅니다. 저는 그들 하나하나가 존재 자체로 위대하고 가장 소중하다는 점을 확인시켜주고 싶었습니다. 그 친구들을 안으면 제 몸에 힘이 들어가게 되더라고요. 온몸으로 꽉 끌어안게 돼요. '여러분은 있는 그대로 멋지다. 정말 열심히 살고 있다. 여러분 탓이 아니다.' 온 정성을 모아 전해주고 싶었습니다.

우리 사회는 모든 차이를 차별로 등급화해 개인을 압박하고 있습니다. 이를 거부해야 합니다. 저는 슈퍼우먼이 되기를 거부했어요. 결혼 전에는 남자보다 더 일 잘한다는 말을 칭찬으로 들으며 우쭐하기도 했습니다. 그런데 결혼하고, 아이 낳고, 일하다 보니 도저히 슈퍼우먼으로는 살 수가 없었어요. 아이를 친정 부모님께 맡기면서 늘 죄송하고 힘겨웠습니다. 그때 깨달았어요. '슈퍼우먼은 사회가 해결해야 할 과제를 개인의 능력으로 치환하는 이데올로기구나!'

알파걸, 거부합시다. 사나이답게 버티라는 강요, 멈추게 합시다. 개인을 있는 그대로 드러내지 못하도록 막는 힘에 대해 각자의 목소리를 내야 합니다. 그러기 위해서는 남자 친구, 여자 친구와도, 부모님과도 연대해야 하죠. 저는 우리가 구체적으로 상상하고 그려내는 만큼 우리 사회의 미래를 반드시 바꿀 수 있다고 생각합니다.

●

더 조밀한 연대의 결

—

인터뷰를 마치고 녹음기 전원을 껐다. 방을 떠나기 전, 심상정 의원의 모습을 좀더 찍고 싶어하는 사진작가의 요청에 따라 창가에 있는 그의 책상으로 자리를 옮겼다. 자연스러운 표정을 유도하고자 질문을 건넸다. 촬영용 질문이다. 이미 약속한 시간을 소비했기에, 집중해야 할 내용은 피했다. 그런데, 그가 먼저 민감한 사안을 덧붙였다. 메갈리아 사태. 인터뷰에서 단편적으로 언급했고, 여름 감옥 겨울 감옥에 빗대어 차이가 아닌 차별에 맞서 연대하자고 환기하며 넘어갔던 이슈다. 사실 그를 인터뷰하려고 마음먹었던 2017년 봄, 가장 먼저 생각한 질문이 미러링과 연결된 메갈리아에 대한 견해였다. 2016년 여름을 달군 정의당 메갈리아 사태는 집단 탈당까지 불러올 만큼 파장이 컸다. 당 차원을 넘어 청년들의 시선이 집중되었다.

그는 돌이킬수록 마음이 아프다고 했다. 당시 청년들의 혐오를 깊이 인지하지 못했다고 했다. 꼿꼿하던 그의 등은 둥글게 말리고, 목소리는 가라앉았다. 그는 고백했다. 만 4년 차 정당으로 당의 여러 의제를 틀 잡아가던 시기였는데, 생소한 사안으로 들어온 의제를 결국 기존의 시각으로 바라보며 본질에 다가가지 못했다. 청년 세대의 분노가 얼마나 끓어올라 있는지 체감하지 못한 것이다. 문제가 뜨거운 이슈로 떠올랐을 때 비로소 대학생인 아들과 이야기를 나누며 알아차렸다. 꼭 함께 풀어나가야 하는 중요한 이슈란 걸 말이다. 하지만 정당의 지도력을 발휘할 타이밍을 놓친 뒤였다. 이슈 논쟁이 정점에 올랐을 때는 이미 '심상정은 메갈이냐 오유냐'에 더 관심이 집중되어버렸기에 입을 열면 열수록 갈등을 부추기는 상황이었다. 그는 어느 시기 이를 풀어내고 연대의 결을 더 조밀하게 짜낼 수 있도록 두고두고 정성을 모으겠다고 다짐했다.

끈덕지고 자잘하게, 종종 치명적으로 존재하는 여성 차별과 페미니즘에 대한 남성들의 무지와 오해에도 불구하고, 나는 미러링이라는 방식에 대해 문제의식을 갖는다. 억압은 억압으로 제어되지 않는다. 심상정은 혁명이 아닌 정치를 선택했고, 부분을 대표하고 전체를 지향하는 정당정치를 통해 보통의 승리라는 타협을 이루고자 한다고 했다. 나는 이를 전체 속에서 낙오될 이들을 가능한 줄이며 함께 나아가고자 한다는 뜻으로 받아들였다. 사회의 마음을 성장시키는 방법 가운데 하나라고 판단했기에 그의 말에 고개를 주억거릴 수 있었다.

인간 내면에는 여러 마음이 있다. 그 마음 가운데, 부정적인 곳을 비춰 거울로 반사하는 일의 실효성에 대해 의문을 갖는다. 때론 극단의 충격이 사회의 무게중심을 옮겨놓을 수 있다. 그렇지만, 인간 본성이 거듭 증명해온 공격성의 탄성은 반동적이다. 상대의 부정을 미러링하면 또다시 나의 부정이 미러링된다. 그 지난한 반복을 끊어내기 위해서라도, 힘을 흡수하는 새로운 방식으로 궤도를 틀어 나선형의 진보를 이뤄내야 한다고 여긴다.

심상정

대한민국 제20대 국회의원. 1959년 파주에서 태어났고, 1978년 서울대 역사교육과에 들어갔다. 대학교 3학년 겨울방학, 구로공단 여성 노동자들의 삶을 체험하며, 역사 선생님이 되려던 꿈을 접고 공장에 들어가 미싱사 자격증을 땄다. 노동조합을 결성한 뒤 1985년, 하루 10시간 넘게 일해야 했던 어린 여성 노동자들과 함께 한국전쟁 이후 최초의 노동자 동맹파업인 '구로 동맹파업'을 주도했다. 이 일로 지명수배되어, 10년간 수배자 생활을 하며 서울노동운동연합, 전국노동조합협의회를 만들었다. 1990년 연행되어 3년 뒤 만삭의 몸으로 출석한 법정에서 징역 1년, 집행유예 2년을 선고받았다. 이후 전노협 쟁의국장, 금속노조 사무처장으로 활동하는 등 25년간 노동운동에 몸담았다.

2004년 민주노동당 비례대표로 제17대 국회의원이 되어 거대 재벌 삼성의 편법·탈법·불법 행위를 파헤쳤고, 모피아라 불리는 경제 관료들의 전횡을 밝혀냈다. 2008년 총선에서 낙선한 후 '정치바로아카데미'를 만들어 정치를 고민했고, 고양시 덕양구에 마을 학교를 세워 대안 교육을 다져나갔다. 다시 19대, 20대 국회의원을 지내며 무상 급식, 반값 등록금, 카드 수수료 인하, 대형 마트 규제 등의 법안을 발의해왔다. 2017년 19대 대통령 선거에서 정의당 후보로 출마해 주요 후보 다섯 명 중 최저 득표율을 기록했으나, 출구조사 결과가 나오자마자 후원 금이 쏟아졌고, 여러 중고등학교에서 모의 대선 당선증을 보내주는 등 많은 국민으로부터 지지와 격려를 받았다. 지은 책으로 『난 네편이야』 『실패로부터 배운다는 것』 『당당한 아름다움』 등이 있다.

반다나 시바
Vandana Shiva

두 공간에서의 삶을 동시에 살아갈 수 있는 현대다. 온라인 공간, 그리고 실제 부딪치고 소리 내는 오프라인 생활 현장. 개인의 생활이 이 둘의 경계가 모호해질 정도로 연결되어가는 만큼, 세상을 움직이는 돈과 권력 또한 이 둘의 영역에서 영악하게 개인의 모든 것을 수집하고 있다. 빅데이터 정보가 기업과 정치권력의 실제 이익으로 귀속되는 온·오프 소비 정치 시대다. 개인이 단속해야 할 곳은 어디까지일까? 물리학자이자 농부, 사상가인 반다나 시바와 함께 오늘날 지구를 관통하며 진화해가는 자본의 질주를 진단해본다.

그를 처음 만난 날은 2012년 10월 31일이다. 샌프란시스코에 있는 세계화국제포럼 본부에서 가진 인터뷰에서, 그는 지구의 온 생명이 연결되어 있는 '생명의 망web of life'을 간결하게 드러내주었다. 2017년, 여성 지성과의 만남에서 다시 반다나 시바를 찾았다. 쥘리에트 비노슈를 인터뷰하고 돌아온 직후, 시바에게 편지를 보냈다. 몇 시간 지나지 않아 답이 왔다. 1월 3일에서 5일 사이에 오라는 답변이다. 만남은 1월 5일 오전 11시 뉴델리에 있는 그의 사무실에서 갖기로 했다. 그를 만나기 전, 인도 북부 데라둔에 있는 나브다냐Navdanya의 생물다양성 보존 농장에 들렀다.

나브다냐는 '지구는 한 가족'이라는 철학을 바탕으로 반다나 시바가 30여 년간 매진해온 지구민주주의 운동이다. 세계의 토종 씨앗을 갈무리하고, 생태적인 유기농법을 전하며 관리하는 대안 농업 시스템이기도 하다. 데라둔에 있는 나브다냐 농장에서는 프랑스, 미국, 네덜란드, 부탄에서 온 젊은이들이 생태 농법을 배우고 있었다.

1월 5일 약속 시간에 맞춰 뉴델리 사무실에 들어서니 반다나 시바가 난처한 표정을 짓는다. 급히 국회에 가야 할 일이 있는데, 인터뷰를 미룰 수 있느냐고 물었다. 인도인의 식량권과 관련된 의제라고 했다. 마땅히 인터뷰는 미뤄져야 했고, 다행히 다음 날 이야기를 나눌 수 있었다.

그는 종자 전쟁, 식량 전쟁, 금융 전쟁, 디지털 전쟁이 하나의 사이클 속에서 개인들을 공습하고 있다고 경고한다. 진정한 공유경제의 의미, 오늘날 널리 회자되는 4차 산업혁명은 과연 어떻게 사용되어야 하는지를 말한다. 그는 전 지구적 위기에 대한 대안으로 지구민주주의와 에코페미니즘을 이야기한다. 무엇보다 개인의 역할이 중심에 있는 대안이다. 먹고, 생각하고, 소비하는 매일매일의 선택들, 과연 개인의 오늘은 어떻게 채워져야 할까?

●

끝나지 않은 전쟁

—

첫 대담자인 쥘리에트 비노슈는 제2차 세계대전이 끝난 지 70여 년이 넘었지만 아직 우리는 평화를 찾지 못했다고 했습니다. 두 전쟁 사이에 있는 평화는 진짜 평화가 아니라고요. 그런데, 당신은 우리가 사는 이 시간이 바로 전쟁 속이라고 말합니다. 왜죠? 지금도 창 너머로 평화로이 오가는 사람들의 이야기가 들리는데요.

제2차 세계대전은 한 번도 끝난 적이 없으니까요. 당시 전쟁에서 이득을 취했던 권력자들이 겉모습만 바꿔 여전히 힘을 휘두르고 있습니다. 농화학 산업으로 침략하고 있죠. 히틀러에게 독가스를 대던 기업은 농약 산업의 대표 주자가 됐고, 폭탄 공장은 나트륨 비료 산업을 선도합니다. 요즘 테러리스트들이 쓰는 폭탄을 왜 질소 폭탄이라고 부를까요? 비료로 만들기 때문이에요. 물질적인 측면에서 보면 전쟁은 끝나지 않은 거죠. 전쟁을 위해 만든 도구들, 사람을 죽이려고 개발한 화학물질들이 지금 우리의 식량 시스템을 이루는 주요 축이 됐습니다. 아직도 사람을 죽이고 있죠. 지표면의 생명을 죽입니다. 75퍼센트의 물이 죽었고, 75퍼센트의 벌이 사라졌고, 75퍼센트의 토양이 유실됐습니다. 기후의 50퍼센트가 타격을 받았는데, 이는 대대적인 인명 피해를 예고합니다. 기후 재난이 끊임없이 발생할 거예요. 또 하나, 그들은 전쟁용 화학물질에 바탕을 둔 화학 농법을 개발했습니다. 이 모두는 직접적인 공세이고요. 여기에 한 줌이지만 견고한 기득권 무리가 벌이는 간접적인 공격이 있습니다. 바로 세계를 하나의 시장으로 만들려는 전쟁이죠.

제2차 세계대전 역시 새로운 시장을 갖고자 후발 산업화 국가들이 벌인 전쟁이라는 평가를 합니다.

그 전쟁을 발판으로 이득을 챙겨온 무리들은 계속 새로운 시장을 노립니다. 이제는 그 시장에 화학물질뿐 아니라 유전자조작생물GMO, 유전공학에까지 뛰어들었죠. GMO와 화학물질은 대중을 상대로 벌이는 정치적 도발이에요. 어제 인터뷰하러 왔을 때 제가 서둘러 나갔죠? 국회에서 요청이 왔기 때문입니다. 유전자조작 겨자씨를 생산하려고 밀어붙이면서 발생한 부패 사건을 조사하는데, 저를 급히 부른 거죠. 인도는 아직 GMO 작물을 생산하지 않거든요.

하지만 인도의 시장에도 많은 GMO 제품이 있을 텐데요. 한국산 간장, 과자가 늘어선 가게라면 그 원재료가 대부분……

미국에서 오죠. 유전자변형 콩에 라운드업을 사용해 키웁니다. 라운드업은 베트남 전쟁에 쓰이던 고엽제와 같은 성분으로 만든 제초제예요. 이를 사용해 GMO 종자를 키우던 스리랑카 농민 4만 명이 목숨을 잃었습니다. 심부전으로요. 하지만 GMO 제품은 또 다른 차원의 전쟁이죠. 겨자는 수입의 문제가 아닌, 생산의 문제랍니다. 이미 인도 정부가 GMO 가지 생산을 밀어붙인 적이 있었죠. 하지만 우리가 막아냈습니다. 아직까지 인도에서 GMO 농작물을 재배하지는 못해요. 그런데, 지금 겨자를 노리고 있는 겁니다. 인도 사람들이 늘 먹는 중요한 식량이라서 그래요. 겨자는 인도인의 주요 칼슘원입니다. 다들 겨자기름으로 요리하고, 피클도 만들고, 음식을 보존하는 데 사용합니다. 봄을 나타내는 낱말 'basan'도 겨자색을 상징해요. 이는 인도 문화에 대한 직접적인 공격입니다.

어제 제가 해야 했던 일 가운데 하나가 평가서에서 조작된 부분을 짚어내는 일이었습니다. 이 분야에서 30년 동안 일해왔기에 어떤 부분을 점검해야 하는지 알고 있죠. 그러니까 유전자조작 겨자로 인한 지역 오염을 조사할 때는 수분이 이루어지는 거리를 측정해야 합니다. 하지만, 엉뚱하게도 꽃가루(화분) 무게를 제출했더군요. 유독성 유전자가 꽃가루로 옮겨졌을 때 어떤 일이 일어날지에 정부가 관심을 두지 않았다는 겁니다. 이로 인해 지구의 벌이 죽고 있어요.

벌이 사라지면 꽃가루는 누가 옮기나요? 2016년 캘리포니아 아몬드 농장에서는 사람이 붓을 들고 수분을 시켰습니다.

그래서 전쟁이라는 겁니다. 이는 시민의 권력에 대항하는 정치적 전쟁이고, 지식 전쟁이에요. 유전자조작은 과학을 죽이는 날조된 체계니까요.

과학은 올바로 아는 것입니다. 영어 단어 science는 '안다'는 뜻을 가진 scio라는 말에서 왔어요. 제게 있어 앎의 의미는 열정이에요. 저는 무지한 채로 살고 싶지 않습니다. 지구가 작동하는 원리를 알고 싶고, 사람을 행복하게 하는 방법을 알고 싶고, 사람들이 권리를 더 잘 행사할 길을 알고 싶어요. 그래서 지구를 파괴하고, 삶을 파괴하고, 1995년부터 30만 명의 인도 농부를 자살로 몰아간 그 사람들의 실체를 드러내려는 겁니다.

30만 명이라는 자살자 수는 들을 때마다 믿기 힘듭니다.
거기에 작년에만 자살률이 또 14퍼센트 증가했어요.

왜죠?
정부가 사람들의 일상을 가지고 더 비참한 게임을 시작했답니다. 현금을 못 쓰게 하는 거죠. 당신도 여기서 60달러 이상 현금을 쓸 수 없었을 거예요.

공항에서도 그 이상 환전해주지 않았어요. 저는 화폐개혁 기간이라서, 묻혀 있는 현금을 순환시키려는 작업이라 생각했습니다.

아닙니다. 신용카드를 쓰게끔 하려는 거예요. 돈을 쓰되 카드로 쓰라는 거죠. 그러면 가난한 사람들은 돈을 만질 수가 없어요. 우리 집 앞에 배추를 들고 와 정직하게 값을 부르는 그이는 무슨 수로 돈을 만지겠습니까? 자살이 늘 수밖에요.

자, 제가 전쟁이라고 부르는 예를 또 들어볼까요? 이 기업들, 바이엘–몬산토, 듀폰, 신젠타 모두 제2차 세계대전에 비용을 대던 기업의 연장입니다.

작년 9월에 바이엘이 몬산토를 샀죠.

거기에 듀폰이 하나로 합쳐졌고, 신젠타가 중국 회사와 합병했어요. 중국 시장 진출이라는 전략이죠. 이 모두는 이게파르벤과 하나입니다. 거대 화학 기업으로 뉘른베르크 재판[1]에도 섰던 전범 기업이죠. 이게파르벤의 회사로 바스프도 있고, 바이엘–몬산토도 있어요. 우리는 이들을 '독성 카르텔poison cartel'이라고 불러요. 지금도 전쟁 중입니다. 같은 공격자에 의해서 전쟁은 계속 다양하게 진행되어왔어요. 그러니까 진정한 평화는⋯⋯.

100년 동안 오지 않은 거네요.

네, 우리는 100년의 대량 학살, 100년의 생태 학살이라고 부릅니다. 강제수용소에서 대량 학살을 했고, 땅을 일구는 농민 수십만 명을 죽였고, 지구 아이들의 미래를 죽이는 것도 학살이니까요.

농사는 지역 주권의 문제 아닌가요? 농민의 선택이고, 종자와 농법의 혁
신은 지난 세기 처음으로 인류를 기근에서 벗어나게 했는데요.

지역 주권은 여러 조약과 협정으로부터 어마어마한 공격을 받아왔습
니다. 세계무역기구WTO, 자유무역협정FTA, 환태평양경제동반자협정
TPP이 지역 식량 체계를 파괴했고, 그 땅에 독성 화학제품을 쏟아부었
죠. 저들이 비타민A를 증진시킨다며 심도록 한 볍씨 골든라이스golden
rice도 결국 독성 카르텔이 조작한 녹색 과학이라는 환상임이 증명됐
습니다. 비타민A는 녹색 잎 채소만 잘 먹어도 충분히 섭취할 수 있어
요. 종자를 조작해 상품으로 만들어 사람들을 함정에 빠뜨린 겁니다.
어떤 GMO 종자도 유기농 종자보다 영양가가 더 높은 것은 없어요.
이 기업들은 절대 포기하지 않을 겁니다. 수십조 달러의 시장이 눈앞
에 있으니까요. 오늘 아침 스리랑카에서 전화가 왔더군요. 이 다국적
기업 카르텔이 정부를 접수해서 공공 기금으로 독성 카르텔을 확산하
려 하니 이를 막을 수 있게 도와달라고요. 이 카르텔은 전 세계적인
조직을 만들고 UN과 각국의 정부를 자기편으로 만들었습니다. 자신
들이 만든 독성 물질을 파는 데 공적자금을 투입하도록 하기 위해서,
'녹색혁명'이라는 허구적 식량 증산 개념을 만들어낸 겁니다.

21세기 들어 한국에서는 녹색혁명이란 말을 쓰지 않습니다. 이미 쌀은
넘치고, 농산물이 무역의 일부가 됐으니까요. 식량 자립도를 측정할 때도
무역으로 조달할 수 있는 식량까지 포함합니다. 녹색혁명은 오히려 환경

산업, 에너지산업에서 홍보용으로 씁니다.

인도에서는 그 용어가 아직 건재합니다. 아프리카 역시 그렇고요. 소위 녹색혁명이라는 정책은 펀자브 지방에 재앙을 초래했어요. 제가 농업에 관심을 갖게 된 이유도 이 지역에 대한 UN 활동을 연구하고 난 다음부터입니다. 펀자브 지방은 폭력이 들끓는 상태로 치달았고, 조사할 수밖에 없었죠. 녹색혁명 정책이 원인이었습니다. 물이 오염됐고, 토양에는 독성 물질이 가득 찼습니다. 상황이 얼마나 심각하냐면, 펀자브 지방에 암 열차cancer train가 다닐 정도예요. 독성 물질 때문에 암 환자가 급격히 늘어 도시의 병원을 연결하는 열차 노선이 생긴 겁니다. 승객이 많다는 거죠. 당연히 아이들도 불행해졌습니다. 펀자브 지방 청소년의 75퍼센트가 마약을 합니다. 이제 농업 기업들은 동인도로 사업 부지를 옮기려 해요. 사람들이 땅에서 물을 길어 마실 정도로 토질이 건강하니 또다시 눈독을 들이는 거죠. 기업들은 이렇게 UN과 지역 정부를 손아귀에 넣고 농업을 파괴했습니다. 그것도 모자라 현금 거래까지 건드리는 거죠.

임대경제와 잠식되는 시장

—

농화학 산업이 금융에까지 손을 댄다는 건가요?

그렇습니다. 1조2000억 달러의 경제가 어느 정도의 규모인지 상상할 수 있나요? 그중 95.7퍼센트가 현금 거래 시장입니다. 인도 시장을 말하는 거예요. 순차적으로 설명하죠. 빌 게이츠도 이 게임에서 큰 몫을 쥐고 있습니다.

빌 게이츠가요?
자선사업가로 알려진 그 빌 게이츠요. 우리 시대의 가장 거대한 식민지 개발자입니다.

하지만 엄청난 돈을 아프리카에 기부하지 않나요?
시장을 만들기 위해서 기부한 거죠. 아프리카에서 이미 실패했던 시도가 빌 게이츠로 인해 명맥을 이어나가고 있어요. 그는 자신이 하는 기부를 "아프리카 녹색혁명과의 동맹"이라고 부릅니다. 그런데 그가 실제로 하는 일은 무엇일까요? 제가 그토록 반대해온 일입니다. 토종 씨앗을 보관했다는 혐의로 탄자니아 농부들이 체포됐어요. 빌 게이츠가 GMO 종자 보급을 강력하게 밀어붙였기 때문입니다. 그는 먼저 자선 사업가라는 이미지를 창조했고, 그 뒤에서 독성 카르텔과 함께 UN에 돈을 대준 후 WHO를 손에 넣었어요. UN 식량농업기구FAO에 약간의 돈을 주고 모든 관련 기관을 장악했습니다. 유니세프에 돈을 내고는 어린이를 위한 재단들을 장악했고, 마침내 자신을 위한 시장을 창조하고 있는 거죠.

그가 만든 건 소프트웨어 시장 아니던가요? 자신이 만든 프로그램이 밑

천이고요. 그의 프로그램은 지금 누구나 무료로 쓸 수 있죠.

아니요, 소프트웨어 '특허'를 통해 번 돈입니다. 우리는 그의 소프트웨어를 복제할 수 없어요. 그래서 빌 게이츠 말고, '원 개발자들'이 소프트웨어를 개방해야 한다고 주장했고, 오픈소스 소프트웨어가 가능하게 된 것도 진짜 개발자들 덕분이었죠. 오히려 빌 게이츠는 소프트웨어 부문에서 독과점을 만들어냈습니다. 그는 독점으로 돈을 벌었어요. 어떤 컴퓨터를 사든 마이크로소프트가 깔려 있었잖아요. 마이크로소프트와 빌 게이츠는 현재 바이오, IT, 금융 기술의 융합에 있어 매우 중요한 역할을 하고 있습니다. 인도 정부가 지폐 사용을 금지하자마자 빌 게이츠가 달려와 연설한 이유도 여기 있어요. 그는 우리 골목 어귀에서 꽃 파는 노점을 "그림자 경제"라고 부르더군요. 카르텔의 통제를 벗어난 영역에 있다는 이유만으로.

이뿐만이 아닙니다. 빌 게이츠는 자신의 특허권을 보유한 유전자공학 기술에 자금을 투입합니다. 에디타스 메디신Editas Medicine이라는 새로운 회사를 설립했어요. Edit, '편집'이죠. DNA 차원에서 여기서 잘라서 저기로 붙이고 생명을 조각내는 거예요. 그는 생명을 컴퓨터 프로그램처럼 생각합니다. 하지만, 생명은 스스로 조직되는 유기체예요. 잘라내기와 복사하기로 만들 수 있는 존재가 아닙니다.

DNA 차원의 게놈 편집은 2016년 『타임』지 커버를 장식했을 만큼 엄청난 뉴스였습니다. 바이오 산업에 새바람을 일으킬 혁신이라고 주요 미디어들이 들썩였는데요.

거기에 금융 기술까지 합세해 '화폐와의 전쟁'을 선포한 겁니다. 화폐와의 전쟁은 그들의 용어예요. 자, 보세요. 제가 당신한테 100루피를 주면, 당신은 홍차를 사 먹으려고 차이 장수에게 돈을 주죠. 그는 또 다른 곳에 돈을 쓸 거예요. 고용이 일어나고, 생산이 일어나고, 진짜 음식이 만들어지고, 실제 웰빙이 이뤄집니다.

한 마을에 나그네가 와서 여관방을 잡으면, 돈을 받은 여관 주인이 푸줏간에 가서 빚을 갚고, 푸줏간 주인은 술집 외상값을 갚고, 나그네가 그날 묵지 않고 돈을 찾아간다 해도, 반나절 만에 마을에는 돈이 돌아 다들 숨을 돌린다고 합니다. 경제학자들이 설명하는 돈의 힘이죠.

그런데, 100루피를 비자나 마스터 카드로 지불한다면 어떨까요? 모든 은행 거래에 쓰이는 소프트웨어 프로그램은 즉각적으로 6~10퍼센트의 수수료를 벌어요. 그다음 두 번째 거래에서 또 10퍼센트를 벌죠. 그러니까 100루피 지폐가 100번을 옮겨 다닐 때는 늘 100루피일지라도 사람들의 생활이 달라지는 반면, 디지털 세상에서는 아니라는 겁니다. 100번의 돈거래는 돈 주인에게만 기회를 줘요. 돈 주인은 1만 루피도 벌 수 있죠. 그 때문에 금융자본이 카드 사용을 강하게 밀어붙이고, 빌 게이츠도 이 작업의 선봉에 서 있는 겁니다. 제가 전쟁이 계속된다고 말했을 때, 그 전쟁 안에는 화학 산업과 특허 문제도 들어 있습니다. 디지털 이체는 소프트웨어 특허로 돈을 버는 것과 같아요. 우리는 지금 소프트웨어를 공공재라고 생각하지 않죠.

20년 전 서체 개발자가 특허권을 주장했을 때, 거부됐어요. 폰트 디자인은 공공의 자원이라고요. 로열티가 이윤의 쟁점이 된 요즘 더 기억해야 할 공공성의 영역입니다.

돈은 다른 사람과 지폐를 교환하며 생활을 만들어가니까 공공재 영역에 들어가죠. 하지만 특허받은 소프트웨어를 통해 거래되면 수수료(임대료)가 발생하면서 돈은 개인(기업)의 손아귀로 흘러가게 됩니다.

오늘날 하느님으로 일컬어지는 건물주와 같은 시스템이군요.

최상의 권력이죠. 건물주는 일도 안 하면서 노동자인 임차인으로부터 임대료를 꼬박꼬박 챙기고, 큰소리도 칩니다.

자유무역협정의 마지막 단계에서 해당 국가가 금융 개방을 하도록 박차를 가하는 것도 바로 돈이 돈을 가장 많이 벌기 때문인데요. 금융 경제 역시 시장 강탈을 위한 제2차 세계대전과 같은 패턴입니다.

완전히 똑같죠. 특히 강조하고 싶은 건 이들의 배후입니다. 몬산토와 바이엘이 합병했을 때, 어떻게 작은 바이엘이 거대한 몬산토를 살 수 있었을까 의아했어요. 조사해보니 배후에 다른 소유주들이 있더군요. 바로 금융 거래로 돈을 버는 대형 투자 펀드들이었습니다. 뱅가드(세계 최대 투자 기업, 자산 보유 3조 달러), 캐피탈 그룹(가장 오래된 투자 기업,

자산운용액 1조3009억 달러) 같은 기업들. 이들은 월가를 벗어난 완전히 새로운 금융기관입니다. 오히려 월가는 규모가 작아요. 이들이 독성 카르텔뿐 아니라 코카콜라, 펩시, 마이크로소프트 등 모든 걸 갖고 있죠. 이 펀드의 투자자들이 바로 소유주였습니다. 그래서 금융 전쟁, 종자 전쟁, 식량 전쟁, 디지털 전쟁은 모두 같은 사이클에서 운영된다고 봐야 하는 겁니다.

왜 인도죠?
가장 큰 시장이니까요.

또한 디지털화되어 있기 때문이겠죠?
네, 인도는 디지털화가 되어 있는 나라입니다. 현금 시장이 거대하고요. 식민지를 개발할 때, 저들이 집중하는 것은 단 한 가지예요. '얼마나 많이 가져올 수 있는가?'

2008년 금융 위기 이후 금융자본 개방이 몰아칠 때부터 들던 생각이 있어요. '이제 시민은 사라졌구나. 오직 '고객님'만 남은 세상이구나.' 성인이 된다는 것의 의미도 신용카드로 빚을 낼 수 있는 자본주의의 시민, '고객님'이 되는 거고요.
맞습니다. 제가 성실하게 일하는 사람들이 벌을 받는 이 시스템을 '임대 경제rent economy'라고 부르는 이유도 거기에 있어요. 농부들은 응당 누려야 할 삶을 누리지 못하고 있습니다. 한국 농민도 마찬가지죠. 저는 아직도 2003년 칸쿤에서 자결한 이경해 씨를 잊지 못합니다. 그는 자유무역이, WTO가 전 세계 농부들을 죽이고 있다고 알렸어요. 한국 농부들은 1993년부터 저와 함께 싸웠습니다.

2015년 11월 14일, 한국에서는 시위에 참가한 백남기 농민이 경찰의 물대포에 맞아 의식을 잃었습니다. 그를 조준해서 발사된 물대포 때문이었죠. 당시 그는 세월호 진상 규명뿐 아니라 교과서 국정화, 식량 주권, 빈민 문제 등 국민의 생존과 안전을 위해 저항했습니다. 2012년 당신을 인터뷰했을 때, 당신은 세계 농민과 함께 한국 농민들이 얼마나 치열하게 싸우고 있는지를 증언해줬습니다. 세계 농민이 연대하여 싸워온 지 벌써 25년째입니다. 우리 농부들이 WTO와 GATT에 대해 왜 그토록 저항했는지, 자본의 힘이 얼마나 세밀하게 연결돼 있는지 말해줄 수 있나요?
GATT에서 새로운 조항을 만들며 협상을 타결할 때 즈음, 연락이 왔어요. 관계자 회의에 참석하라고. 독성 카르텔에 속한 사람들이 오고, 유전공학 기술의 미래에 대해 논의한다고 하더군요. 1987년이었습니다. 아직 GMO라는 것이 존재하지 않던 시절이죠. 그랬기 때문에 유전공학이 무엇인지 논하는 회의가 대대적으로 열린 겁니다. 그들이 말하길, 화학약품으로는 벌이가 신통치 않다는 겁니다. 이제는 종자를 소유해야 한다고 말하더군요. 특허를 내고 종자를 갖기 위해서는 유전공학이 필요하고, 지금은 생명공학 시대라는 겁니다. GMO의 출현을 알게 됐어요. 아직 유전자변형이 무엇인지 상상도 못하던 시절이죠. 저는 GMO가 무엇을 의미하는지 설명할 때 이렇게 이야기하곤 합니다. "신은 비켜라God, move over!" 거대 자본의 오만한 명령입니다. 이제 자신들이 생명의 창조자가 되겠다는 도발이죠.

포화 상태가 되어 더 이상 큰 이윤을 남기기 어려워진 화학 산업 시장에서 새로운 시장인 유전자변형 바이오 산업으로 옮겨 가겠다는 거군요. 종자 소유를 주장하면 지역 농사에 대한 법적 관리 체계도 손봐야 하니 국제 조직을 내세워야 하겠고요.

이제 생명으로부터 임대료를 걷겠다는 말이죠. 그래서 저와 동료들은 GMO 특허를 추적하기 시작했어요. GATT는 철저히 비밀로 진행되었지만, 1991년에 그 협정 내용이 알려졌습니다. 누군가가 유출했거든요.

TPP 역시 철저히 비밀로 진행되는 가운데, 누군가의 유출로 소수의 투자자 권리를 위한 협정이라는 것이 드러났습니다. 핵심적 지식재산권은 오로지 거대 제약 업체와 미디어 업체 들에게 있고, 이들만이 독점적 가격 결정권을 갖도록 한다는 것이 알려졌죠. 25년 전이나 지금이나 진행 방식은 똑같습니다.

그 사실을 세계 곳곳에 전했어요. 우리는 인도에 이미 막강한 조직을 갖고 있었고, 협약 내용을 거의 모든 언어로 번역해, 지구촌 곳곳을 다 찾아갔습니다. 1993년에 대규모 저항운동을 조직했어요. 모로코의 마라케시에서 WTO 합의문이 서명되기 1년 전입니다. 세계 농부들을 인도 뱅갈루루로 불러 모았어요. 당시 뱅갈루루는 농부들의 도시였습니다. 유럽 농부, 아시아 농부, 아프리카 농부가 모두 모였죠. 50만 명이 거리를 꽉 메우고 외쳤습니다. 거기 한국 농민도 함께했어요. 그때 그들이 제게 요청하더군요. 조직을 만들자고. 우리는 세계 소농 조직인 '라 비아 캄페시나La Via Campesina'[2]를 탄생시켰습니다. 한국의 농민 조직도 소속돼 있죠. 1994년 WTO가 설립되고, 1995년 1월 출범하면서 인도 정부는 IT 산업과 농민들을 맞바꿨습니다. 그 결과 농민의 도시 뱅갈루루는 인도의 실리콘밸리가 되었죠.

한국에서는 농민의 삶을 자동차 산업 등의 수출과 맞바꿨죠.
정작 거대 자본은 어떤 비용도 내지 않아요. 싱가포르에서 열린 첫 WTO 회의 덕으로 누리는 완전 면세죠. 두 번째 회의는 시애틀에서 열렸어요. 그다음이 도하였고, 네 번째가 칸쿤이었습니다. 이경해 씨가 자결한. 그리고 이듬해에는 홍콩에서 모였어요. 한국 농민들은 그때도 12월 차가운 바닷물에 뛰어들어 헤엄치며 회의를 막는 시위를 했습니다.

물속에서 저항의 장막을 펼친 거네요.
용감했어요. 지난달에 UN 생물다양성회의에서 주는 상을 받으러 칸 쿤에 갔습니다. 운전하는 이에게 물었죠. 여기서 운전한 지 얼마나 됐냐고요. 오래됐다고 하더군요. "13년 전 WTO 회의도 알겠군요" 했더니, 안대요. "한국 농부 기억해요?"라고 물었더니 그러더군요. 어떻게 잊겠냐고. 우리는 다 기억하고 있어요.

올바른 행동은 실패하지 않는다

—

증언을 들으며 백남기 농민의 마음 또한 다시 헤아리게 됩니다. 국가 폭력의 희생자라는 좁은 의미에서가 아니라, 토종 종자를 지키고 땅과 거주민의 밥상을 살리려 했던 농민 운동가로서 그 거리에 나섰던 마음 말입니다. 한데, 거대 자본이 씨앗 해적질에서 디지털 해적질로 견고해지고, 금융자본으로 진화해온 걸 들으며 무력감이 생깁니다. WTO는 FTA, TTP로 금융, 정보, 제약, 결국 유전자까지 잠식했는데, 이는 냉정히 보면 개인들, 생산자와 소비자의 실패 아닌가요?

그렇지 않아요. 우리는 결코 실패하지 않았습니다. 올바른 행동을 할 때, 우리는 실패한 적이 단 한 번도 없었으니까요. 올바른 행동을 한다는 것이 곧 성공입니다. 실패는 당신이 할 수 있고, 해야 하는데 하지 않는 것이 실패죠. 올바른 행위, 그것이 평화입니다. 그것이 부처의 가르침이죠. 올바른 생활이란 우리가 연결되어 있는 관계들을 이해하며 올바르게 행동하고 바른 길로 나아가는 겁니다. 그것이 정법正法이죠. 인도 경전 기타에서 크리슈나는 말합니다. "결코 그대의 행동이 맺을 열매를 바라보지 마라. 오직 행동을 보아라." 올바름을 행하는 것은 우리의 의무입니다. 그 행동이 어떤 결과를 불러오든 그건 미리 판단내릴 영역이 아니죠. 인과는 꼭 연역적으로 나오지 않습니다. 그러니까 '우리가 자유무역을 막아내려던 일은 다 실패한 거 아냐?'라고 물을 수 없어요. 정확히 말하면, 우리가 정직한 생산, 진실한 무역, 농부의 삶을 지키고 바른 먹거리와 건강한 식량을 말하는 그 일을 '하는 데' 실패했는가를 물어야죠. 만약 그를 위해 '행동하는 데' 실패했다면, 그날 우리는 실패한 겁니다. 그것이 진짜 우리의 패배죠.

그 길이 점점 더 가파르고 고될 듯합니다.

어렵죠. 거대 자본들이 더 어려운 길로 만들고 있고요. 평범했던 일상을 범죄로 만들었으니까요. 농부들이 1만 년 동안 보존해오던 씨앗을 어느 날 갑자기 몬산토, WTO가 불법으로 만들었습니다. 2014년 유럽에서 종자보존규제법이 추진됐어요. EU 의회에 가서 농부들을 대변했습니다. 가까스로 철회시켰죠. 멕시코에서 부르더군요. 상원에서 농민의 권리를 말해야 한다고. 거대 자본은 결코 포기하는 법이 없습니다. 미국은 씨앗을 지키는 이들을 테러리스트라고 부르더군요. 캘리포니아에서 종자 교환을 할 수 없도록 하는 법이 생겼어요. 또 갔죠. 미국인들과 간디의 비폭력 정신을 수련했습니다. 농민을 범죄자 취급하는 법을 결국엔 철폐시켰죠. 지금 인도에서 벌어지는 현금 전쟁의 본질 역시 현금을 거래하는 정직한 사람을 범죄자로 만드는 겁니다. 마치 이들이 사는 세상은 검은 지하 경제인 것처럼요. 거대 자본의 눈

먼 탐욕 때문에 평범한 사람의 삶은 더 어려워지고 있습니다. 거대 자본은 억만장자예요. 뱅가드는 3조4000억 달러 규모의 회사인데 이제는 6조 규모로, 또 20조 규모로 회사를 키우고 싶어합니다. 만약 그들이 마지막 남은 벌, 마지막 남은 농민, 마지막 남은 아이를 파멸시킨다면……

아, 마지막 남은 아이라고요…….

그리고 마지막 자유까지. 이들 거대 자본은 기꺼이 그렇게 할 것입니다. 여기에 대항할 유일한 방법은, 간디가 말한 겁니다. "부당하고 잔악한 법에는 맞서 싸워야 한다. 그것이 사람의 의무다." 우리는 우리의 사람다움을 지켜내야 합니다. 인간이라면 응당 인간으로 살아가야 하는 겁니다.

지난 25년간 거대 자본은 세계를 하나의 공단으로 만들며 노동자의 임금을 하향 평준화시키고, 지역 경제와 생태를 무너뜨렸고, 당신은 전방에서 그런 부당함에 맞서 싸워왔습니다. 하지만, 최근 들어 극우 세력이 더 목소리를 높여 세계화를 비난합니다. 유럽의 극우 정당은 약진했고, 국가주의를 내세우는 트럼프는 지구 최강 국가의 대통령 자리에 올랐습니다. 영국은 브렉시트 이행 절차를 밟고 있고요.

기업 중심으로 진행되어온 세계화 속에서 노동자들은 직장을 잃고, 제조업은 가장 값싼 노동력이 있는 곳으로 나가버렸고, 시민은 고통받아왔지요. 사람들이 말해요. 이젠 좀 그만하자고. 여기에 금융, IT, 대형 농업 자본이 매우 영리한 대응을 하고 있습니다. 예전에 영국이 했던 방식으로요. 1857년 인도에서 세포이 항쟁이 일어나고, 동인도회사가 해체됩니다. 그 자리를 영국 왕실이 차지해요. 영국 왕실은 제일 먼저 이런 말을 했어요. "인도인들이 우리에게 맞설 수 있었던 건 그들이 똘똘 뭉쳤기 때문이다. 먼저 이들을 분열시켜라. 그리고 통치하자!" 영국은 매우 인위적인 정체성 개념을 만들어냅니다. 그때까지 인도에 사는 힌두교도와 무슬림은 여러 면에서 닮아 있었어요. 똑같은 농사를 짓고, 똑같은 옷을 입고, 똑같은 언어를 썼습니다. 영국 왕실은 상호 배타적인 정체성으로 이 둘을 이간질시키는 데 성공했죠. 잘 지내던 이웃들이 무슬림과 힌두교도로 나뉘어 격돌했습니다. 결국 인도와 파키스탄으로 분할되었죠. 제 어머니도 그 조작된 싸움의 희생자예요. 외가는 오래도록 뱅골 지방에서 살았고, 학교에서 선임 조사관으로 일하던 어머니는 퇴근길에 붙잡혔습니다. 느닷없이 난민이 된 거죠. 단지 힌두교도라는 사실 때문에 살던 동네에서 난민이 됐어요. 그때 구출되지 못했다면, 저는 이 자리에 없었겠죠.

인도에서 운전해주는 분이 무슬림인데요. 처음에 힌두교도냐고 묻자 아니라고 하며 오히려 조심스레 되묻더군요. 무슬림에 대해서 어떻게 생각하냐고요. 친한 무슬림 친구들이 여러 명 있다고 하니 그제야 미소를 지으며 자기 이름이 칸이라고 알려줬습니다.

그래요. 무슬림들은 세상으로부터 포위됐다고 느낍니다. 이런 두려움을 만들어낸 것이 이전부터 통치술로 써오던 분열 통치 전략이에요. 오늘날 벌어지는 일이 딱 그렇습니다. 통치 권력은 사람들의 원망이 커지고 공격받는다 싶으니까 분할 통치 전략을 꺼냈어요. 서로를 탓하도록 조장합니다. 실제로 영국 국회의원이 총에 맞아 사망한 일도 있었죠.

하나의 대오로 경제 시스템에 저항하던 사람들이 지금은 서로를 증오하며 문화 전쟁을 치르는 덫에 걸렸습니다. 인도에서 이슬람과 힌두교도를 분열시키던 영국이 지금은 자기네 영토에서 사람들을 인종으로 나눕니다. 브렉시트를 보세요. 어떻게 됐죠? 백인이 이민자를 증오합니다. 반세계화 논쟁은 어떻게 축소되었나요? 미국에서는 백인 대 유색인으로 맞서고, 백인 남성 대 여성으로 싸웁니다. 백인 우월주의 이슈로 변질되어버렸어요. 사람들이 '희다/검다'라는 조작된 정체성으로 갈린 겁니다. 식민주의가 있기 전에 사람들은 피부색을 신경 쓰지 않았어요. 그저 인종이 다를 뿐이었고, 차이를 받아들였죠. 만들어진 개념인 색깔이 통치의 기준이 됐어요. 피부가 희면 통치자가 되고, 검은색이면 노예가 되는 겁니다. 종교도, 성별도 그렇습니다. 모든 사회에는 늘 남자와 여자가 존재했어요. 여성이냐 남성이냐로 문화 전쟁을 벌일 필요가 없었죠. 하지만 지금은 문화 전쟁이 벌어지고 있잖아요. 고통과 분노는 경제 때문에 발생했고, 반세계화 목소리는 기업이 조장하는 세상에 대한 저항이었습니다. 월가 금융자본에 대항하는 분노였고, 자신들의 목소리로 결정할 수 없게 된 세상에 대한 거부였습니다. 그런데 저항자들이 분열되면서 문제의 원인으로 향하던 목소리가 줄 었습니다. 탐욕의 경제가 두려움과 증오의 정치로 옮겨 간 겁니다.

세계화국제포럼을 이끌며 반세계화 운동을 함께한 당신의 동료, 제러미 리프킨은 이제 공유경제를 이야기합니다. 그런데 당신은 1차 산업인 농업 에서 대안을 제시합니다.

모든 경제가 디지털화되면서 거대 자본은 공공재인 화폐 사용을 막고 카드를 쓰게 함으로써 거래마다 금융회사로 이윤이 가도록 만들고 있 죠. 이는 공유경제가 아니에요. 정보만 공유하는 것뿐입니다. 우버 택 시도 마찬가지입니다. 프로그램에다 택시를 예약하는 플랫폼이죠. 자 동차를 나눠 쓰는 게 아니라, 예약 정보만 재화가 되어 공유되는 겁니 다. 자동차가 재화가 되어 우리가 사용자로서 공동의 풀을 갖고 공유 하는 것이 아닙니다. 임대료를 걷는 사람들이 어떻게 그런 어마어마한 부자가 되었을까요? 금융과 디지털 회사를 소유한 사람들이 왜 새로 운 억만장자로 등장할까요? 모든 디지털 거래에서 수수료를 챙기기 때 문입니다. 차를 운전하지도 않은 사람이, 예약이 발생할 때마다 따박 따박 돈을 거둡니다. 그들에게 고용된 택시를 운전하는 사람들로부터.

우버 택시나 에어비앤비 시스템을 보며 착잡했습니다. 그나마 적더라도 자 기 자산이 있는 사람들이 벌이는 빚 잔치 같아서요. 집을 내놓고, 여행객의 뒤치다꺼리를 하고, 차를 내놓고 운전까지 합니다. 우버를 운전했던 분 말이 먹고살려면 회사 택시를 모는 것 이상의 노동 시간을 들여야 한다고 하더군요. 택시 회사에 자기 차를 몰고 가서 일하는 듯한 기분이 든다고 요. 게다가 우버 이후에 미국 대도시 택시 회사들은 줄도산했습니다.

프로그램이 일하고, 노동하지 않는 사람이 가장 큰 돈을 만집니다. 노 동하지 않은 자가 노동하는 사람들이 내는 수수료로 억만장자가 됩니 다. 수수료 산업이죠.

저는 농부가 되겠다고 생각해본 적이 없어요. 원래 물리학을 택했고, 학자가 됐습니다. 그런데 살면서 마주하는 현실이 저를 농업으로 이 끌더군요. 히틀러와 손잡고 돈을 벌던 기업들이 농업의 영역으로 와 서 전쟁을 계속한다는 걸 깨달았을 때, 땅으로 돌아올 수밖에 없었 죠. 저는 평화를 바라니까요. 비폭력 농업 경제를 만들겠다고 서원했 어요. 그들은 우리네 밥상뿐 아니라 주머니까지 탈탈 털어가는 도구 를 끊임없이 고안해내고 있습니다. 몬산토가 기후 관련 회사인 클라 이머트 코퍼레이션과 2013년 합병했습니다. 이 기업은 토양 분석 기 업, 기계 산업 기업과 이미 합병한 상태에서 몬산토 밑으로 간 거고 요. 그다음 몬산토는 실리콘밸리를 이끄는 IT 기업과 합병합니다.

오프라인에서 기계 산업을 확보하고, IT 산업에 집중하는군요.

그들은 공중에서 작업하는 스파이드론을 원합니다. 스파이드론을 띄 우고 트랙터에 스파이웨어를 장착해서 한 손으로는 농부들이 뿌리는

217

자기네 GMO 씨앗을 잡아내고, 다른 손에는 토양 데이터를 거머쥐려 하죠. 이미 많은 농부가 GMO 씨앗 때문에 몬산토로부터 씨앗을 훔쳤다고 고소당했어요. 여기에 수집한 토질 정보를 결합해 패키지 신상품을 만들어 농부들에게 팔려고 합니다. 빅데이터가 사유화된 거죠.

요즘 언론에서는 인공지능 시대 4차 산업혁명을 이야기하면서 농업 문제가 해결될 거라고 전망합니다. 노동력이 사라진 농촌에 진화된 기계가 들어가면 기존 농기계로 유실되던 흙도 살리고, 화학제품 사용량도 줄지 않겠냐는 거죠.

스파이드론이나 인공위성을 띄운다고 해서 미생물의 세계, 그러니까 실제 흙의 활동을 볼 수 있는 건 아니에요. 우린 알죠. 흙에 있는 균이 진짜 흙을 만들어낸다는 걸. 균은 오직 유기농 토양에서만 자라요. 1제곱인치 흙 속에 800만 개나 되는 균이 있죠. 이들이야말로 진정한 공유경제 시스템을 이루며 아낌없이 주는 삶을 삽니다. 이들은 흙속에서 공유 영양소를 창조하지만, 우리 눈에는 보이지 않습니다. 기계를 통해서도 질소, 인, 칼륨으로 측정될 뿐입니다. 화학물질을 사용하면 이 연약한 균이 다 죽어요. 몬산토를 비롯한 농업 군대[3]가 농부들에게 흙을 살리는 균을 팔까요? 아닙니다. 기기를 파는 겁니다. 농부한테 이럴 거예요. "당신네 눈에는 땅속 사정이 안 보이니 토질을 개선할 성분과 양을 정확히 조절하지 못한다. 그러니 우리 제품을 써라. 트랙터에 로봇을 부착하면 자동적으로 질소, 인, 칼륨 함유량을 모니터할 수 있다." GMO 씨앗을 만들어 거기에 맞는 화학비료와 제초제를 팔던 것과 똑같은 속셈입니다. 새로운 판매 시스템을 창조하는 거죠.

인공지능은 한계가 있어 흙의 지능을 복제할 수 없어요. 우리 호흡으로 들어오는 수십억의 수십억 배에 달하는 생명의 활동을 어떻게 다 정보화해냅니까. 그럼에도 불구하고 자신들이 통제권을 갖고 세상을 만들겠다고 억지를 부립니다. 현재 진행형인 전쟁에서 또 다른 전쟁이 파생되고 있어요. 우리는 지난 50년간 화학약품을 사용한 농업 전쟁을 목도해왔습니다. 이제는 스파이드론 같은 감시 기술이 새로운 차원의 전쟁에 가세하고 있죠.

사실 인공지능, 기계, 과학은 어떤 의지로 사용되느냐에 따라 가치가 달라지는 도구이지 않습니까? 그 자체로 선과 악을 판단하기보다는 결국 시행되는 정책, 국가의 비전, 인간의 윤리가 문제인데요. 모든 이야기가 저로 하여금 국가와 지도자의 역할이 무엇인지를 생각하게 합니다.

돈의 힘이 국가의 테두리 안에서 시민의 힘을 약화시켰습니다. 지도자들은 눈에 보이지 않는 온갖 방법으로 엄청난 돈을 가질 수 있게 되었죠. 부패한 지도자들은 선거에서 실제로 현금을 챙겨요. 선거에 뛰어드는 기업과 결탁하죠. 인도 경제의 디지털화 역시 정치적으로 진행되고 있고, 그 뒤에 제가 뱅가드 카르텔이라 부르는 로비 집단이 있습니다. 뱅가드와 연결된 빌 게이츠, 비자 카드, 마스터 카드, 구글, 페이스

북…… 이들이 선거 쇼를 펼치죠. 정치 지도자는 공공의 자산을 떼다가 한 줌의 카르텔에게 건넵니다. 시장은 잠식되죠.

소비자의 권리, 시민의 안전은 위태로워지고요.

네, 여기에 선거과정 전체가 선전화됩니다. 텔레비전에 가장 많이 나온 사람, 미디어 감각이 뛰어난 사람이 후보로 나오는 구조가 된 거죠. 공동체의 손실에 대해 잘 알고 있는 썩 괜찮은 지도자는 목소리를 잃거나, 범죄자로 몰리거나, 물대포를 맞습니다. 한국의 농민처럼. 세월호에 남겨진 아이들처럼 무시되는 거죠. 더 이상 사람이 중요하지 않은 거예요. 자기 국민을 가지고 대량 학살 게임을 할 수 있는 지도자들이 세계화 경제 시스템에서 더 많은 보상을 받게 됐습니다.

선거는 점점 더 기업의, 기업을 위한, 기업에 의한 선거가 되어가고 있어요. 한국뿐 아니라 곳곳에서 민주주의는 돈에 잡아먹혔다는 신호가 전해집니다. 미국 대법원은, 기업이 돈으로 선거를 훔친 사건을 두고 "기업의 표현의 자유"라는 판결을 내리기도 했죠. 기업이 법적 개체가 아닌 수정헌법 제1조가 보장하는 표현의 자유를 누리는 인간으로 대접받은 겁니다. 주객이 전도된 세상이 도래했습니다. 왜 민주주의를 제대로 세워내야 하는가, 어떻게 일으킬 것인가를 묻고 또 물을 수밖에 없죠. 제가 글을 쓰고 지구민주주의에 대해 알리는 이유입니다.

지구민주주의, 제가 당신을 다시 찾아올 수밖에 없었던 이유이기도 합니다.

돈이 휘두르는 권력은 우리 스스로를 보잘것없는 존재로 느끼게 합니다. 그래서 우리는 각자의 삶 속에서 민주주의를 회복해야 합니다. 투표용지를 통해서만이 아니죠. 우리가 일상에서 힘을 갖고, 공동체가 되어 더 강한 힘을 창조할 때, 투표용지도 깨끗하게 되살아납니다. 그런 다음 공동체들이 모여 삶이란 무엇인가, 민주주의란 무엇인가, 자유란 무엇인가 등에 대한 또 다른 차원의 생각을 창조하는 겁니다. 그렇게 나아간다면 새로운 민주주의의 물결은 일어나게 됩니다.

에코페미니즘—온 생명과 연결된 우리

—

당신은 평화를 이야기하며 유기농을 꼽았고, 거기에 여성을 강조합니다. 에코페미니즘이 지구를 살릴 길이라고 설파하는데요. 왜죠?

어떤 길을 둘러봐도 우리가 마지막으로 도달할 물음은 에코페미니즘이더군요. 어제 어떤 모임에서 참석자들이 제게 물었습니다. 왜 페미니즘이라는 용어를 사용하느냐고. 페미니즘을 거부하는 이들이 "페미니즘은 죽었다"고 말하기 때문에 그 용어를 쓴다고 답했습니다. 전에는 굳이 페미니즘이란 용어를 넣을 필요가 없었습니다. 여성의 역량, 기술, 창의력, 힘, 자유라는 말을 써왔죠. 지금은 페미니즘 저편에 있는 그룹 전체가, 여성이 페미니즘을 죽였다고 말합니다. 그래서 더 페미니즘을 강조해요. 저들은 페미니즘에 마거릿 대처를 갖다 붙입니다.

마거릿 대처, 어쩌면 수상이 될지도 모를 마린 르펜, 이들은 페미니즘의 이름이 아닙니다.

한국의 부패한 여성 지도자도 여성 차별을 강조합니다.
그들은 부패 시스템에 올라탄 여성일 뿐입니다. 해방된 여성이 아닌, 새로운 여성 포로죠. 부패한 사회는 여성에게 자유를 줄 수 없어요. 저는 칩코운동[4]을 시작하면서 에코페미니즘을 인식하게 됐습니다. 거기서 여성성의 본성을 보았기 때문입니다. 여성은 생활 속에서 정말 중요한 일이지만 경제적인 가치로 취급되지 않는 일을 도맡아 하도록 밀려나 있었어요.

칩코운동은 그런 여성들이 숲의 중요성을 정확히 인지하고 숲과 더불어 지역의 모든 생명을 살렸던 활동이죠.
맞아요. 여성은 먹거리를 키워왔습니다. 음식을 요리하죠. 아픈 아이를 돌봅니다. 나이 든 부모도 보살핍니다. 이것이 진정한 경제죠. 이것이 자연의 경제이고, 지속적인 경제예요. 진정한 돌봄경제, 진정한 공유경제입니다. 공유경제는 전자 기기로 창조되는 게 아닙니다. 공감할 줄 아는, 자비로운 인간에 의해서 창조되죠. 그렇다면 누가 자비를 일구는 길에서 리더가 될까요? 바로 여성입니다. 간디는 말했죠. "비폭력 혁명의 지도자는 여성이 되어야 한다." 왜일까요. 전쟁으로 물든 남성의 마음에서 자비심이 자취를 감추었을 때, 여성이 자비의 불씨를 계속 살려왔기 때문입니다. 여성은 여성이라는 유전자 때문이 아니라, 여성이 있어온 위치 속에서 자비심을 길러올 수 있었습니다. 자비심은 성염색체 속에 있는 게 아니에요. 시장경제가 무가치하다고 치부하던 일을 떠맡아온 삶의 맥락에서 길러진 마음입니다.

또 다른 성차별주의 아닐까요? 여성만이 옳고, 여성만이 희망을 만들 수 있다는?

아니죠. 현실을 직시하는 겁니다. 남성들이 거부감을 가질 일이 아니에요. 그들도 함께 에코페미니스트가 될 수 있습니다. 에코페미니즘은 여성이냐 남성이냐의 문제가 아니에요. 에코페미니즘은 우리가 가진 마음의 종류입니다. 단순합니다. 알아차리는 거예요. 자연은 살아 있고, 창조적이며, 우리에게 필요한 모든 것을 생산한다는 사실을.

자연은 정복해야 할 대상이고, 생명이 아닌 원자재이므로 마구 써버려도 된다는 패러다임, 이는 여성은 집에서 놀고 먹는다고 주장하는 구조와 같습니다. "여성은 창조적이지도 않고, 사고할 줄도 모르며, 두뇌도 없다"고 말하죠. "여성은 이류, 남성은 일류이며 여성은 남성의 부속품에 불과하다." 자연과 여성에 대한 이 두 가지 패러다임은 하나로 작동해요. 자본주의식 가부장제입니다. 돈을 벌어오는 이를 맹목적으로 떠받들고, 당연히 그 자리는 남성 권력이 독점하는 이념으로, 시스템으로 자리합니다. 그러는 사이 여성은 모든 인류가 해야 할 일을 도맡도록 강요받아왔어요. 가부장제 국가에서 경제 시스템이 굴러

가도록 하기 위해 여성들은 가정에 구속되어 있어야 했죠. 그 과정에서 우리 할머니들은 대부분의 산업화 사회에서 잊힌 원리, 생명이 순환되고 창조되는 원리를 기억하고 간직할 수 있었습니다.

여성은 천성이 집안일에 잘 맞아서가 아니라, 그 일을 하라고 강요받았기에 그 일을 해왔습니다. 그런데 실은 매우 중요한 일을 해온 겁니다. 우리 삶을 돌보고 유지시키는 일이니까요. 여성성은 세상을 바르게 알아차리는 인식 능력입니다. 생태 농사를 짓는 농부가 화학 농사에 빠진 농부를 자연으로 되돌리도록 하는 선생님이 될 수 있는 것과 마찬가지죠.

보살핌을 간직한 여성의 마음이, 세상을 살릴 길을 안내하는 선생님이 될 수 있다는 거네요.

아직 우리 세상에 희망이 있다면 이는 자연이 가진 지적 능력 덕분입니다. 아직 나와 당신이, 우리가 완전히 속박되었다고 느끼지 않는다면, 이는 여성의 지성, 농부의 지성, 어린이의 지성이 살아 있기 때문입니다. 이러한 지성이 우리에게 이만큼의 자유를 주고 있는 거죠.

자연이 모든 존재와 연결되어 있기 때문인가요?

그렇죠.

진화심리학자 스티븐 핑커는 마음이 뇌의 작용이라고 했는데요, 당신은 어떻게 보나요?

동의하지 않습니다. 지금 과학자들은 우리 몸의 내장을 일컬어 제2의 두뇌라고 부릅니다. 내장에는 수조 개에 이르는 박테리아가 살죠. 박테리아의 작용으로 우리가 먹은 음식이 효소를 생성하고, 신경전달물질이 두뇌를 활성화시킵니다. 그리고 내장에서 일어나는 일은 바로 흙에서 일어나는 작용에 영향을 받아요. 흙이 독성 카르텔로 점령된다면, 흙속에 있는 이로운 유기물들은 사라질 것이고, 남아 있는 유기체에도 독성이 퍼지겠죠. 해로운 미생물이 생성됩니다. 식품이 오염되고, 독성은 우리 몸으로 들어와, 장에 있는 좋은 박테리아들을 죽이죠. 몸 속의 유용한 박테리아는 더 이상 기능을 못 하고 독성은 신경물질을 생성하는 효소들과 섞입니다. 그로 인해 뇌는 자폐가 되고, 치매가 생기고, 알츠하이머가 진행돼요. 흙과 내장이 두뇌가 기능하는 방식을 결정짓고, 바꿔내고 있습니다.

제가 박사과정으로 양자역학을 선택한 이유가 있습니다. 스무 살 때, 기계론적 사고에는 뭔가 맞지 않는 점이 있다고 여겼어요. 모든 것은 분리되어 있고, 따로 떨어져 고유의 방식으로 돌아간다는 점, 모든 물체가 오직 힘을 가함으로써만 움직일 수 있다는 점에 의문이 들었답니다. 그렇지만 양자역학의 세계는 서로 연결되어 있죠. 모든 것은 가능성이에요. 모든 것은 달라질 수 있습니다. 그렇기에 다른 미래를 기약할 수 있죠. 미래는 결정되어 있지 않습니다. 미래는 저들의 의도대로 정해져 있지 않아요. 몇몇 사람이 나머지 모두를 지배하는 질서를 당연시하려 하는 곳에는 기계론적 우주관이 있습니다. 잘못된 패러다임이고, 이미 스러지고 있죠.

지금 새로운 과학 체계는 우리 배 속에 또 다른 뇌가 있다고 말합니다. 그렇다면 지능은 우리 배 속에만 있을까요? 아니죠. 뇌는 흙속에도 있습니다! 생명의 연속성 때문이죠. 생명의 연속성은 지성과 자비로움 속에서 흐릅니다. 우리가 매일매일의 삶 속에서 할 수 있는 일은 장기가 우리의 두뇌라는 것을 알고, 우리의 장기를 보살피는 거죠. 어떻게 당신의 장기를 보살필 수 있을까요?

(웃음) 다시 유기농으로 돌아오네요.

먹거리를 직접 기르는 겁니다. 사람들은 말하죠. "저는 도시에 사는데요." 델리에 있는 우리 집 테라스에는 채소가 빽빽하게 자라고 있습니다. 내가 내 먹거리를 기르지 않고 손놓고 있으면서, 어떻게 다른 사람에게 내가 먹을 채소를 기르라고 말할 수 있겠어요. 모두 도시에 사는데. 당신도 배를 편안하게 보살핌으로써 당신의 두뇌를 잘 보살필 수 있어요. 자유는 그렇게 창조됩니다.

모든 생명은 인간과 다른 방식으로 지적 활동을 하죠. 식물의 지능도 오늘날 과학자들이 증명해내고 있고요. 우리의 지성을 통해 온 생명과 연결되자는 당신의 말은 결국 생명에 대한 깨달음으로 확대됩니다. 개인이 삶을 통해 깨우쳐가기엔 쉽지 않은 길이죠.

당신은 머리, 가슴, 손을 강조했죠. 아무리 생각해도 인간의 사고, 마음, 기분, 결정 등은 몸을 따라가는 것 같아요. 피곤하면 스트레스 지수가 높아지고, 개인도 사회도 사려 깊은 결정을 내리지 못하니까요. 그런 면에서 각자의 선택, 세상의 선택을 좀더 사려 깊게 가져갈 수 있는 도구도 몸에 있지 않나 싶습니다. 그럴 때 손은 엄청난 가능성을 만들어내리라 여깁니다. 손이 마음과 연결되고, 세상과 연결되는 물리적인 통로여서 일까요?

우리 몸은 분산된 지능을 가지고 있습니다. 이는 몸 구석구석 모든 세포에 퍼져 있어요. 그러니까 지능이 뇌에만 있다는 사고는 인위적인 발상이죠. 몸의 모든 부분은 기능하려는 욕구가 있습니다. 그 욕구야말로 몸이 스스로의 창조성을 표현하는 방식이죠. 간디는 우리 모두가 반드시 빵 만드는 노동을 수행해야 한다고 말했습니다.

먹는 빵이요?

네. 그는 '진짜 노동'을 말한 거예요. 컴퓨터를 두드리며 돈 벌어 사먹는 빵 말고요. 빵을 빚는 진실한 노동 말입니다. 이 멋진 몸으로 빵을 만드는 거죠. 농부가 아니라 해도 집에서 빵을 구울 수 있잖아요. 저는 우리가 간디의 가르침으로 돌아가야 한다고 절박하게 느낍니다.

우리는 지금 스스로의 존재를 모욕하고 있어요. 우리의 존재는 어딘가를 떠도는 추상적인 마음이 아니에요. 머릿속에만 있는 존재도 아니죠. 우리는 자연의 일부이자 그로부터 확장된 존재입니다. 자연의

227

연장으로 존재하며 공동체를 이뤄요. 내가 지금 당신과 시간을 보내고 있잖아요. 이 시간 속에서 당신과 나는 하나로 있는 거예요. 우리는 서로가 서로의 연장으로 존재합니다. 우리의 대화가, 눈맞춤이 서로를 연결시켜주고 있어요. 불교에서는 이를 '상호존재inter-being'라는 아름다운 단어로 표현합니다. 분리되어 있는 존재가 아니라, 서로가 서로에게 내재해 있는 거죠. 우리는 나무에도 있어요. 나무는 우리 안에 있고요. 산소를 들이마실 때 나무는 벌써 우리 안에 들어오죠. 음식을 먹을 때 흙은 우리 안에 자리합니다. 수많은 미생물이 우리 속에 있어요. 그들이 주는 선물로 지금 우리가 이렇게 각자의 모습으로 존재합니다. 그들이 우리 생명을 만들고 우리 세포, 우리 몸을 만들어요. 그러니 몸이 '유용한 부분'이라는 사고는 몸에 대한 매우 잘못된 인식이죠.

결국 마음은 뇌의 작용이라기보다 확장된 몸 전체의 작용이자, 온 세상의 작용인 거네요.

몸이야말로 우리를 세상과 연결시켜주는 매개체입니다. 내가 탁자를 만지면 탁자가 느껴지죠. 하지만 데카르트는 이를 두고 신뢰할 만한 인식이 아니며, 부차적인 특성이라고 했죠. 그는 우리를 대상으로 측정될 수 있는 측정물이라고 부릅니다. 그것이 유일한 특질이라고요. 낡은 이분법이며, 기계적인 세계관이에요.

독성 카르텔들은 살아남기 위해 점점 더 집약적으로 인공위성과 감시

기기, 스파이웨어까지 동원하고 있습니다. 온갖 인공적인 방식을 동원해 장악력을 유지하려 해요. 우리는 삶이 단순해질 때, 편안함을 느낍니다. 인공적인 군더더기를 내려놓을 때 살 맛이 나죠. 돈은 인간을 퇴행시켰어요. 우리의 뇌를요. 우리는 스스로 생각하지 않습니다. 그리고 우리의 손과 발을 퇴화시켰습니다. 건장한 몸을 갖고 있음에도 오직 엄지손가락만 쓰고 있잖아요. 마음도 퇴화됐습니다. 자비를 잃었죠. 이런 퇴행을 극복해나가야 합니다.

우리가 퇴행을 극복하는 유일한 길은 수련입니다. 만약 제가 병원 침상에 누워 3개월 동안 꼼짝 않는다면, 걸을 수 없을 거예요. 그럼 그때 무엇을 해야 할까요? 하나밖에 없어요. 다시 걷는 겁니다. 걸음마부터 시작해 걷는 기능을 회복해야죠. 다른 방도가 없잖아요? 마찬가지로 민주주의도 수련을 통해 기능을 살려내야 해요.

그리고, 민주주의는 반드시 여러 겹으로 채워져야 합니다. 다양한 차원에서 수평적으로 조직되어야 하죠. 공동체로 이어지는 개인들, 공동체로 이어지는 국가들이 세계적으로 결합되는 연대가 지구민주주의입니다. 지금은 기업의 질서가 지구적으로 조직된 자본을 차지하려 합니다. 개인들을 국가 내 지배 질서 안에 묶어놓고 부릴 뿐 아니라 이제는 우리를 단위별로 분열시키고 있어요. 지금 미국을 보면 알 수 있죠. 우리끼리 헐뜯고 드잡이하는 데 더 많은 시간을 보내잖아요. 물질적 차원에서 일상을 재편해 세계 경제를 바꿔나가자고 생각할 겨를이 없어졌습니다.

국가와 지도자는 밑바닥에 있는 사람들을 책임져야 합니다. 그래야만 대표라 불릴 자격이 있죠. 더불어 지구민주주의는 대표로 뽑힌 이들이 잘한다고 해서 이뤄지는 게 아닙니다. 풀뿌리, 바로 우리가 어떻게 앞으로 나아가는가에 달려 있어요. 그것은 참여를 창조해냄으로써 가능합니다. 퇴화의 극복은 우리 문화를 보존하는 데 달려 있습니다.

훌륭한 아티스트가 그림을 그릴 때 아무도 막지 않습니다. 결국 아름다운 작품이 나오죠. 사회를 변화시키는 길도 이처럼 가는 거예요. 우리 각자가 예술가가 되는 겁니다. 그러면 바뀔 수 있어요. 제겐 확실한 느낌이 있습니다. 벌써 우리가 씨앗을 지켜내고 있잖아요. 30년 전, 씨앗을 지키자고 외치는 사람은 저뿐이었습니다. 지금은 전 세계적으로 조직된 거대한 운동이 됐죠. 종자 갈무리를 범죄로 모는 법을 막아냈습니다. 유기농은 어땠을까요? 그들은 유기농이 쓸모없다고, 애써봤자 필요한 생산량에는 턱도 없을 거라고 했죠. 하지만 지금 우리는 보여주고 있습니다. 우리 유기농이 저들보다 생산량도 두 배나 더 많고, 모두를 건강하게 보살필 수 있다는 것을.

왜 유기농입니까? 과연 그 오래된 길이 미래의 희망으로 가는 출구인가요? 중요하니까요. 첫째로 이는 농사를 짓는 올바른 방식입니다. 농부가 흙을 보살피는 바른 길이죠. 바른 농사란 생물다양성을 존중하는 겁니다. 기후변화를 부르는 온실가스를 발생하지 말아야 하고요. 좋은 먹거리를 생산해야 하죠. 좋은 먹거리는 당신을 키워줍니다. 그것이

다르마Dharma(정법)죠. 식량의 다르마는 유기농이에요. 우리의 다르마
는 이처럼 행동하는 담백한 길, 바로 온 생명을 살리는 유기농 카르텔
에 있습니다. 지속적인 전쟁 상황에서, 유기농은 평화입니다. 유기농
은 자유죠.

제대로 살고자 하는 인간의 실험은 반드시 자연과의 관계를 꾸준히
이해하면서 진행되어야 합니다. 다차원으로 온 생명을 이해하는 끈기
가 있어야 하죠. 오직 몸만이 줄 수 있는 우리의 감각도 함께 깃들여
서요. 보세요. 우리에게 오로지 후각만 있다면, 신경세포를 인위적으
로 조종해내는 가짜 냄새에 속을 수 있지만, 온몸이 복합적으로 작용
하는 진짜 감각은 이를 구별해낼 수 있습니다. 감각은 모든 것의 조
화예요. 인지하는 주체죠. 그저 두뇌를 담은 껍데기 용기가 아닙니다.
몸은 전체로서 인지하는 주체입니다. 몸의 창조성은 전체가 작동할 때
비로소 충만하게 드러나죠. 그러니 몸이 퇴화된 미래란 상상할 수 없
어요. 이런 몸과 마음의 감각이 충만하게 깨어 있는 자비로운 인류만
이 사랑과 보살핌을 줄 수 있습니다. 그런 사람이 되어보시죠.

●

유기농이 보여주는 오래된 미래
—

1월 1일, 어둠 속에서 인도 뉴델리 공항에 내렸다. 그 어둠이 걷히

기 전 새벽길을 떠났다. 델리에서 북쪽으로 270킬로미터 떨어진 데라 둔, 그 외곽에 자리한 나브다냐의 생태 보존 농장 비자비드야피스_{Bija} Vidyapeeth로 향했다. 운전기사 칸은 맹렬히 차를 몰았다. 그를 에워싼 도로의 다른 운전자들도 결코 칸에게 길을 터주지 않으리라고 결의라 도 한 듯 내달린다. 작은 트럭에, 양옆 들판에 사탕수수가 가득하다. 사람들이 부산하게 움직인다. 들판마다 가마솥에서 피어나는 연기가 희끄무레한 새벽의 아스라함을 더한다. 정오가 되어 데라둔에 도착했 다. 도심을 벗어나 올드심라 길에 들어서자 흙먼지가 포슬거린다. 도시 의 소음은 순식간에 소거되고 길이 끝나는 곳에 비자비드야피스가 나 타났다.

비자비드야피스는 산스크리트어로 종자 배움 센터를 뜻한다. 1996년 반다나 시바가 고향에 마련한 교육의 장으로 나브다냐 운동의 에너지 를 지원하는 곳이다. 생태 농업 실험장이자, 지구민주주의 실현을 위 해 인적·물적 자원을 생산한다. 47에이커(약 5만7500평)의 땅에는 숲 이 우거졌고, 망고, 레몬 과수원과 논밭이 푸르다. 206종이 넘는 채 소와 곡류가 자라며, 약초 농장, 씨앗 은행, 토양 분석 센터, 지구대학 Earth University이 자리한다. 지역 주민 대부분은 나브다냐 회원이다. 저 수지도 없는 마을이지만, 하늘만 바라보며 농사를 짓지는 않는다. 건 기일 때도 나브다냐 식구들이 일구는 흙은 촉촉하다. 숲을 울창하게 조성하면서 땅을 일궜기 때문이다. 일단 숲이 틀을 잡으면 아무리 가 물어도 농사지을 물은 충분하다는 증언이다. 1973년 데라둔의 여성 농부들이 댐 건설을 저지하기 위해 숲에 들어가 나무에 몸을 묶고 껴안으며 벌목을 막아낸 이유이기도 했다. 고대의 지혜를 보존한 여성의 저항이다.

그곳에서 프랑스, 미국, 네덜란드, 독일, 인도 라다크에서 온 젊은 이들이 생태 농법을 배우고 있었다. 내가 도착한 날 아침, 일본에서 온 젊은 여성이 떠났고, 저녁 무렵에는 캐나다에서 여섯 살 딸을 데리고 젊은 엄마가 도착했다. 이들은 모두 비작Bijak이라 불린다. 비작은 씨 뿌리는 사람을 뜻한다. 나브다냐의 정신과 삶의 태도를 세상에 뿌리는 사람이기도 하다. 며칠뿐이지만 나도 단기 거주하는 비작이 되었다. 프랑스에서 온 31세 시릴은 변호사를 그만두고 농사를 짓겠다고 결심한 뒤 나브다냐의 삶을 배우고 있다. 라다크에서 온 내 또래의 여성은 여행자에게는 꽤 알려진 본아피테라는 식당을 운영하는데, 유기농과 나브다냐의 식단을 배우고 있었다. 미국에서 온 지역 활동가 여성 역시 장기 체류 비작이다. 이들과 달리 다른 청년들은 여행 중에 무작정 들른 방문객들이다. 델리의 게스트 하우스에서 알게 된 친구를 따라, 혹은 기차에서 만난 여행객의 추천으로 그곳에 머무르며 삶의 궤도를 바꾸고 있었다. 그들을 비자비드야피스로 끌어들인 배경은 모두 제각각이다. 하지만 예정보다 더 길게 그곳에 머물게 되는 사연에는 한 가지 공통점이 있었다. 초록의 기운이 싱싱한 그 땅이 주는 평화로움이다. 몸과 마음에 평화를 충전하며 세상을 바라보는 시각이 바뀌고, 삶의 태도가 바뀌었기 때문이다.

아침 7시, 하루를 요가와 명상으로 시작하는 비작들은 세상과 서로를 위한 만트라를 읽으며 축원하고, 구역을 나눠 청소한다. 그들이 받는 밥상은 담백했다. 세계 도시의 획일화된 짠맛, 단맛을 뺀 심심한 양념은 밭에서 올라온 채소의 맛을 도드라지게 했고, 이른 아침과 늦은 오후에 즐기는 차이도 여느 인도 카페에서처럼 달지 않았다. 오전 밭일이 끝나고 비작 프로그램을 관리하는 드로나가 농장 곳곳을 안내해주었다. 기본적으로 나브다냐의 농법은 다작이다. 단일 작물을 집중적으로 생산하여 소득을 올리는 시장 중심의 농사 구조가 아니다. 생산성 향상과 교역 중심의 농업 산업이 아닌, 농사짓는 농부의 인간다운 삶을 중심에 놓는다.

나브다냐에는 '1에이커 자유 농부' 정책이 있다. 여섯 식구가 1에이커 농사를 지으며 누리는 인간다움을 설파한다. 1에이커면 한 가족이 1년 동안 먹을 곡식과 모든 식재료를 기를 수 있다고 했다. 단일 작물이 아니기에 땅은 토질이 상할 이유도 숨통이 막힐 이유도 없으며, 제철마다 골고루 수확한 수십 가지 작물로 풍성한 식사와 디저트까지 즐길 수 있다고 한다.

자본주의 사회에서 돈 없이 자급자족이 가능할까. 의심 많은 나는 질문하지 않을 수 없었다. 무엇보다 한국에서 유기농을 하는 친구가 생각나서다. 단호박이며 마늘, 쌀을 추수하는 마음은 뿌듯하고 그득하지만, 여전히 전기세를 내야 하고, 아이 교육비를 대야 하며, 병원에 갈 일도 만만치 않게 생기기에 조바심을 놓을 수 없다. 한국이나 미국에서 유기농 다작 농사를 하면 부부 중 한 사람은 도시의 일터를 놓지 못하고 떨어져 지내는 경우가 허다하다. 돈을 벌어야 하기 때문이다. 한국의 농부 활동가들이 기본소득에 관심이 높은 이유이기도 하다. 그래서 나브다냐의 '1에이커 자유 농부'라는 개념이 오로지 농사지을 토지만을 강조한다는 점이 나이브하게 느껴졌다. 어떤 사회 안전망을 추구하고, 어떻게 소득을 올리는가를 물었다.

드로나는 안타깝다고 여겼는지 기본을 강조했다. "땅에서 나는 모든 식물은 먹거리인 동시에 약재입니다!" 건강을 증진시키는 섭생법도 나브다냐 농법에서 중시하는 교육 내용이라고 한다. 지역의 기후, 땅의 성분, 그곳에 부족하기 쉬운 영양소와 풍토병을 연구하고 가능한 모든 영양소가 계절에 따라 어우러질 수 있도록 농사 지도를 한다. 지역마다 나브다냐 사무실이 있고, 과학자들이 농부들을 지원한다. 꽃피우고, 씨앗을 남기는 자연의 순환 속에서 농사를 지으니, 생산을 위한 소비는 없다. 종잣값도, 농약값도 들지 않는다. 수지 타산을 위해 대단위 단일 작물을 키워내는 공장이 된 땅이 아니기 때문에, 지력을 유지할 인공 비료도 필요하지 않다. 수확량 또한 충분해서 나브다냐 농부들은 여분의 곡식을 팔아 현금을 벌기도 한다고 했다. 적어도 한 가정이 연간 300~500달러는 만질 수 있다고 한다.

드로나에게 한 가지를 더 물었다. 여섯 식구가 1에이커를 농사짓고, 그것도 수십 가지 작물을 키우려면 하루 종일 일에 매달려야 하는 건 아니냐고. 그는 고개를 까딱하며 별로 힘들지 않다고 말한다. 하긴

작물이야 땅과 햇볕이 키우는데, 거기에 샘이 마르지 않는다니 공동체가 살아 있다면야 온종일 매달릴 일은 아니다. 마당에 텃밭이라도 일궈본 이라면 작물이 저절로 일어나 쑥쑥 결실을 맺는 기적을 알 것이다. 비자비드야피스에는 소를 모는 농부의 쟁기질에도 여유가 묻어 있었다.

피터 싱어는 "소농이 미래"라고 말했다. 대량생산 플랜테이션 프레임을 거둬야, 사람이 살고 지구가 산다고 했다. 한국은 아직 85퍼센트가 중소 농가다. 물론 농민 대부분이 60대 이상이고, 다수가 쌀농사를 짓기에 식량 자급률은 20퍼센트 대에 불과하다. 쌀을 제외한 대부분의 농산물은 수입에 의존한다. 농부의 살림살이도 팍팍하다. 여기에 '1에이커 자유 농부'의 정신을 가져올 수는 없을까? 유기농을 일반화하고, 적어도 건강한 밥상을 차릴 권리가 모두에게 열린다면, 가난한 몸으로 더 많이 흘러드는 '독성'은 줄일 수 있을 것이다. 지구의 밥상이 유기농으로 바뀌고 지구 생태가 위기에서 벗어나는 길은, 지구의 경제적 불평등이 해소되는 길과 다르지 않다. 진정한 평화를 추구하는 반다나 시바의 에코페미니즘적 삶이란 바로 온 생명을 존중하며 찾아가는 인간다움의 길이다.

반다나 시바
Vandana Shiva

과학자이자 농부, 세계를 대표하는 환경운동가이자 사상가. 반다나 시바는 생태 중심의 대안적 삶을 제시하는 지구민주주의와 이를 실천하는 삶을 이끄는 에코페미니즘을 태동시켰다. 1952년 인도 북부 데라둔에서 태어났고, 캐나다 궬프대학에서 과학철학으로 석사학위를, 웨스턴온타리오대학에서 양자이론 연구로 물리학 박사학위를 받았다. 핵물리학자였으나 물이 풍부했던 고향 마을이 불모지로 변하는 과정을 목도하면서 생태주의에 입각한 환경운동에 헌신해왔다. 1982년 인도로 돌아간 이래 과학·기술·천연자원 정책 연구재단을 설립하고, 1991년 토종 종자 보존과 유기농법 확산을 위한 '나브다냐'를 설립해 인도 16개 주 60여 지역에 씨앗은행을 개설하고, 수십만 명의 농부와 함께 유기농 농사를 짓고 있다. 나브다냐는 '지구는 한 가족'이라는 철학을 바탕으로 반다나 시바가 30여 년간 매진해온 지구민주주의 운동이다. 나브다냐의 정신은 전 지구의 토종 씨앗을 갈무리하며 유기농을 이끌고, 세계 환경. 농업. 생물다양성 분야에 막대한 영향을 미치고 있다.

그는 또 아프리카, 남미, 아시아, 북미, 유럽 등 전 세계에서 환경. 농업, 여성 등 다양한 시민 조직 건설에 앞장서왔고, 세계인의 지속적인 연대를 이끌고 있다. 스페인 사파테로 전 총리의 과학위원을 지냈고, 부탄의 정부 주도 100퍼센트 유기농 전환의 핵심 자문위원으로 활동했으며, 영국 찰스 왕세자의 '지속 가능 농업'을 자문했고, 로마와 투스카니 정부에서도 자문을 맡고 있다. 1993년 대안적 노벨상이라 불리는 '바른생활상Right Livelihood Award'을 비롯해, 2008년 레논오노평화상, 2010년 시드니평화상, 2012년 후쿠오카문화대상 등을 수상했다.

지은 책으로 『에코페미니즘Ecofeminism』『자연과 지식의 약탈자들Biopiracy』『지구민주주의 Earth Democracy』『물 전쟁Water Wars』『이 세계의 식탁을 차리는 이는 누구인가Chi Nutrira Il Mondo?』『테라 마드레Manifestos on the Future of Food & Seed』 등 다수가 있다. 시바는 단독 저서 외에 1년에 두세 권씩 동료 과학자. 활동가 들과 연구 성과를 담은 책을 꾸준히 펴낸다. 그만큼 나브다냐 산하 과학자와 활동가 들의 네트워크가 탄탄하다는 방증이다. NGO인 나브다냐가 우리나라 농촌진흥청 혹은 거대 기업 연구소가 하는 규모의 사업을 포괄하며 활동하는 중이다. 나브다냐의 활동은 생태를 위한. 다수를 위한 올바른 연구가 수행될 때. 과학의 진보가 인류의 지속가능한 미래를 뒷받침할 수 있음을 보여준다.

감사의 말

인터뷰를 허락해준 일곱 명의 인터뷰이께 고개 숙여 감사드립니다. 여성의 삶에 대한 이해를 더 깊게 해주었습니다.

연재를 책임진 『경향신문』 김희연 문화부장에게 감사의 마음을 보냅니다. 무엇보다 『경향신문』이 쌓아놓은 신뢰가 있었기에, 연재 기간 더 많은 분과 소통할 수 있었다고 생각합니다. 쥘리에트 비노슈와 리베카 솔닛의 인터뷰를 녹취해준 동료 아티스트 에이미 리드에게, 그리고 반다나 시바, 케이트 피킷, 에바 일루즈, 마사 누스바움의 인터뷰를 녹취해준 평화재단의 임여원 님께 찬사를 보냅니다. 신문을 연재하는 동안 도움을 준 박창섭 작가와, 원고를 읽고 지혜를 나눠준 정연순 변호사께 사랑의 마음을 전합니다. 인터뷰 현장의 면모를 사진으로 깊게 전달해준 구경숙, 폴 실즈, 노치욱, 애덤 싱스인더마운틴, 최배문

작가께도 감사드립니다. 글항아리 출판사와 이은혜 편집장, 박은아 편집자에게 믿음과 고마움을 전합니다.

마음의 의지처인 이해인 수녀님, 법등 스님, 도진 스님께 깊은 존경을 보내며 건강을 기원합니다. 이은경 작가, 이서희 작가, 그리고 주춤하지 않도록 힘을 주는 남복순 이모님께 사랑을 전합니다. 2017년을 보내며 부모님의 사랑을 더 깊이 느꼈습니다. 아버지 안상환, 어머니 남길자, 두 분의 믿음과 가르침을 늘 새깁니다. 가장 애쓴 남편 브라이언 림에게 깊은 감사와 사랑을 전합니다. 아들 재선Arahan, 딸 홍경Emily, 조카 안승덕, 정웅이 살아갈 세상은 모든 생명이 마음으로 연결되는 세상이기를 바라며, 사랑을 담아 아이들에게 이 책을 바칩니다.

1장

1_ 그날 쥘리에트 비노슈에게 세월호 이후의 상황을 설명했다. 촛불 시위가
집단적으로 일어나는 데 주요한 원동력이 되었던 사실도 함께. 그는 단 한
순간의 머뭇거림도 없이 세월호 배지를 가슴에 달며 연대의 뜻을 전했다.

2_ 존 부어만 감독과 함께한 작품 「컨트리 오브 마이 스컬In My Country」.

2장

1_ 1991년 애니타 힐의 고백으로 직장 내 성희롱이라는 단어가 생겼다. 아프
리카계 미국인으로 미국에서 두 번째 연방대법원 대법관에 발탁된 클래런
스 토머스의 청문회 장소에서 같은 인종인 젊은 변호사 애니타 힐이 그의
성희롱을 고발했고, 이는 민권운동 진영에서도 뜨거운 논쟁을 일으켰다.

3장

1_ 2008년 3월 5일, 민주노총 주최 여성 건강권 토론회 '추락하는 여성노동자 건강권, 이대로 좋은가'에서 손미아 강원대 의과대학 교수 발표.

2_ 「2016 통계로 보는 여성의 삶」, 통계청, 2016년 6월.

3_ 「2015 고용형태별근로실태조사 보고서」, 고용노동부, 2016년 6월.

4장

1_ 2015년 통계.

2_ 임신중단과 피임에 관한 논쟁이 일 때마다 거론되는 역사적 사실이 있다. 루마니아의 독재자 니콜라에 차우셰스쿠가 출산율을 높인다며 임신중단을 불법화했던 일이다. 엄격한 단속에 출산율은 단기적으로 높아졌다. 그러나 4년 뒤 다시 감소한다. 결국 1985년, 이전 상태로 되돌아가고 만다. 그러는 동안 수많은 여성이 목숨을 잃었다. 1965년부터 임신중단금지법이 철폐된 1989년 사이 9000명의 루마니아 여성이 열악한 수술실에서 아이와 함께 싸늘하게 죽어갔다.

5장

1_ 위키리크스에서 최대 규모의 미국 군사 기밀 사항이 포함된 내부 자료를 제공한 내부 고발자. 군 복무 당시의 이름인 브래들리 에드워드 매닝으로 더 잘 알려져 있다.

2_ 그러나 도널드 트럼프 미국 대통령은 2017년 7월 26일 트랜스젠더의 군 복무 전면 금지 방침을 밝히며 다시 논란을 일으켰다. 버락 오바마 정권의 애슈턴 카터 국방장관은 2016년 10월 1일 트랜스젠더의 군 복무를 전격 허용했으며, 이에 따라 이미 복무 중인 트랜스젠더 군인들은 자신의 정체성을 편하게 드러내는 것은 물론 의료 혜택도 받을 수 있었다.

6장

1_ 연차 회의에 참석했던 서울여대 김진석 교수가 전해준 일화다.

2_ 스리랑카 민중운동 지도자이자 경제학 박사다. 민중의 물질적·정신적 자립을 키우는 사르보다야 운동을 창시했고, 일본, 미국 등으로 퍼져나갔다. 20년 내전을 종식시키기 위해 2002년 3월 15일 '스리랑카 평화 명상의 날'을 조직하여 분쟁 지역 아누라다푸라로 65만 시민을 결집시켰다. 군대에 길이 막혀 집결지에 이르는 길에서 명상에 참여한 인원까지 100만 명이 평화의 의미를 명상하고, 정부를 향해 종전을 선언할 것을 명령했다. 곧이어 협상 테이블이 가동되었고, 20년간 이어진 스리랑카 전쟁은 종식되었다. 전 세계 미디어는 스리랑카의 종전을 "명상으로 되찾은 평화"라고 일컬었다.

7장

1_ 제2차 세계대전 이후 연합국이 국제법 및 전시법에 따라 시행한 국제 군사 재판이다. 피고들은 나치스 독일의 지도층으로, 홀로코스트를 비롯한 여러 전쟁 범죄를 계획, 실행했거나 그에 관여한 혐의로 피소되었다. 재판은 1945년 11월 20일부터 1946년 10월 1일 사이에 진행됐다.

2_ '농민의 길'. 88개국 188개 조직이 가입(2013년 기준). 약 2억 명의 회원이 있다.

3_ 반다나 시바가 앞서 언급한 독성 카르텔. 듀폰, 신젠타, 바스프, 바이엘─몬산토를 말한다.

4_ 1973년 반다나 시바의 고향 인도 데라둔에서 일어난 댐 건설 저지 운동. 지역 농토에 물을 공급하는 원시림을 지키기 위해 여성들이 나무를 껴안고 버티면서 벌목을 막아 마침내 댐 건설을 철회시켰다. 그 숲 아래 반다나 시바의 나브다냐 생물다양성 보존 농장이 있다. 반다나 시바는 숲이 있으면 강우량에 의존할 필요가 없음을 오랜 농사로 증명해냈다.

어크로스 페미니즘

© 안희경

초판인쇄 2017년 12월 19일
초판발행 2017년 12월 28일

지은이 안희경
펴낸이 강성민
편집장 이은혜
편집 박은아 곽우정 김지수 이은경
편집보조 임채원
마케팅 이숙재 정현민
홍보 김희숙 김상만 이천희

펴낸곳 (주)글항아리 | 출판등록 2009년 1월 19일 제406-2009-000002호

주소 10881 경기도 파주시 회동길 210
전자우편 bookpot@hanmail.net
전화번호 031-955-8891(마케팅) 031-955-2663(편집부)
팩스 031-955-2557

ISBN 978-89-6735-474-9 03300

이 도서의 국립중앙도서관 출판예정도서목록(CIP)은 서지정보유통지원시스템
홈페이지(http://seoji.nl.go.kr)와 국가자료공동목록시스템(http://www.nl.go.kr/
kolisnet)에서 이용하실 수 있습니다. (CIP제어번호 : 2017034504)